毎日おみそ汁

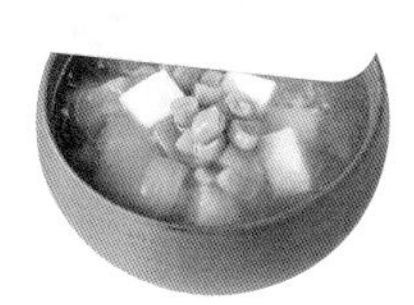

えちごいち味噌

自由国民社

はじめに

『毎日おみそ汁365日』をお手にとってくださりありがとうございます。
わたしは新潟県長岡市でおみそを専門に造っています、えちごいち味噌の川上綾子と申します。

2019年3月から会社に出勤する前に作って食べているリアル朝ごはんのおみそ汁の写真をスマホで撮ってInstagramに投稿し始めました。
実は私こそ、それまでほぼ同じ具材でワンパターンのおみそ汁ばかりで、投稿を始めてから初めての具材で作るおみそ汁も多く、まさに毎日がチャレンジでした。

いろいろなおみそ汁を作ってフォロワーさんからのありがたいコメントをたくさんいただいているうちに、本当に嬉しくて楽しくて、気がつけば1400以上のおみそ汁や発酵食品メニューを作っていました。

主にその中から選んだ本書の「365日のおみそ汁」には、身近な食材の組み合わせや、切り方もいろいろ、豚汁アレンジ、ズボラ時短系など、定番から変わり種などいろいろなおみそ汁があります。
おみそ汁を作る時に何か少しでもヒントにしていただけたら……そしてクスッと笑えるオモシロいおみそ汁で、新たなおいしさや楽しさを一緒に発見できたら嬉しく思います。

えちごいち味噌／株式会社越後一　川上 綾子

『毎日おみそ汁365日』　もくじ

5月

6月

12月

1月

2月

◆食材の下処理について

- 油揚げや厚揚げなどはそのままでも使えますが、湯通しや50℃洗いなどの油抜きで表面の余計な油が取り除かれてよりおいしく仕上がります。
- きのこ類は基本的には洗わずにそのまま使います。汚れがある場合はキッチンペーパーなどで拭いて取り除きます。なめこだけは、サッと湯通しや水洗いで表面を流して不純物等を取り除くことをおススメします。それでも充分ぬめり状は残ります。
- こんにゃくのあく抜きはカットして水から鍋に入れて沸騰したら湯を切ります。
- ごぼうやれんこんなどの根菜類はあく抜きはしないでそのまま調理しています。本来なら切って水にさらしてあく抜きをするべきですが、家庭料理のおみそ汁なら切った後すぐ水を入れた鍋に入れて使えば、旨みや栄養素を逃さずに食べられます。
- 油抜きしてカットした油揚げ、きのこ類、砂出しをした貝類などは、冷凍保存すると解凍しないですぐに使えて便利です。

◆おみそについて

- 基本的には皆様がお使いのいつものおみそでお作りください。
- 色あいや味わいにより特におススメのおみそのタイプを表記しているレシピもありますが、あくまでもご参考まで。

とかく正しいおみそ汁の作り方として「○○しちゃダメ」とか「○○すべき」など、教科書にあるような基本的な作り方はもちろん大切ですが、この本ではあまり難しく考えないで、作りやすい方法でいいんじゃないかなと思っています。

毎日忙しくて時間がない方も、手間をかけて究極の一杯を追求したい方も、100人100通りのお好みや作り方があって、どれも間違いなんてないと思います。

それぞれのワタシ流が一番!!

とにかくおいしければ、それが正解ですよね。気軽に気楽に自由におみそ汁を作っていただければと思います。

この本のおみそ汁の基本の作り方

◆基本的には2〜3杯分（お椀や器の大きさにもよりますが）出来上がる分量です。

- 鍋に入れる水量は基本的には約5〜600㎖で、お出汁パックを5分煮出して約100㎖蒸発して約4〜500㎖に。これでお椀2〜3杯分になります。お湯で溶くだけなら、1杯分のお湯は180〜200㎖くらいです。

◆お出汁について

- 基本的に市販の紙パックに入った煮出すタイプのお出汁パック『かつお節と昆布』（アミノ酸・食塩が含まれていないもの）を使用しています。
- 皆様のお気に入りのお出汁を使ったり、ご自宅で本格的にお出汁から作ったり、お好みでお作りください。
- 市販のお出汁パックの水量や煮出す時間や取り出すタイミングなどは、包装表記の分量や作り方に応じてお作りください。
- 根菜類、いも類、きのこ類などは水からゆっくり煮ると旨みが出やすくなります。火の通りにくい具材は150〜200㎖程多めの水とお出汁パックを一緒に鍋に入れて煮出します。
- お出汁が沸騰したら……という表記は、お出汁パックを煮出してお出汁ができた状態をいいます。
- レシピ内に表記されている鶏ガラ顆粒だしは、お好みの中華だしやペーストタイプなどに代用してお使いください。

◆おみその分量

- 基本的にお湯が約180〜200㎖に対しおみそは大さじ1（約18g）が目安になる分量です。お使いのおみその塩分量やお使いの顆粒だし、お出汁パック（どちらも食塩が含まれているもの）などによって、おみその分量は調整してお作りください。
- また長く煮込む豚汁などの場合の水量はあらかじめ多めにして煮始めます。煮込む時間によりお水やおみその分量を調整してください。
- また具だくさんのおみそ汁は具材からの旨みも出ていますのでおみその分量を少し控えてもおいしくできます。お好みでいろいろお試しください。

ほうれん草とえのき茸と油揚げのおみそ汁

いつものホッと優しい一杯

材料

- ほうれん草…2束分
- えのき茸…1/2株分
- 油揚げ…1枚
- お出汁パック
- 白みそ

作り方

❶水600mℓとお出汁パックとカットしたえのき茸を入れて火にかけます
❷沸騰して約5分程煮たら、カットした油揚げを入れます
❸下茹でしてカットしたほうれん草を入れ1分程煮ます
❹火を止めておみそを溶き入れて完成です

コメント　えのき茸を水から煮て旨みを引き出します。
ほうれん草の色合いがキレイに仕上がる淡色系の米みそがおススメです

鶏だんごと白菜とニラのおみそ汁

ヘルシーで食べ応えのある一杯

材料

★鶏だんご
- 鶏むねひき肉…約180～200g
- 長ねぎ…1/3本
- おろし生姜…大さじ1
- 塩…少々
- 卵…1個
- 片栗粉…大さじ1

- 白菜…約2枚　● ニラ…3束
- 後のせ用生姜　適量
- 白みそ

作り方

（鶏だんごは余ったらミニハンバーグなどでお使いください）

❶鶏だんごはひき肉、長ねぎのみじん切り、塩、おろし生姜、卵、片栗粉を混ぜてよく練ります
❷水800mℓにそぎ切りした白菜の芯の部分を入れ火にかけます
❸沸騰したら少し火を弱めて、両手にスプーンを持って一口大のおだんごをクルクル丸めて入れます。中まで火が通るとぷか～っと浮かんできます
❹アクを取り、白菜の葉の部分とニラも入れて2分程煮ます
❺火を止めておみそを溶き入れて、盛り付けたらお好みで生姜を乗せて完成です

コメント **ヘルシーな鶏むね肉をおだんごにして、白菜やニラもたっぷり食べられるバランス◎のおかずおみそ汁です。生姜がいい仕事しています**

はまぐりと小ねぎのおみそ汁

おいしいひなまつりの一杯

材料

- はまぐり…大4〜6個
- 小ねぎ…お好みで
- 赤みそ

作り方

❶はまぐりは水200mℓに塩小さじ1くらい溶かした塩水に1〜2時間程浸して砂抜きをしたあと、流水でこすり合わせて表面を洗います
❷鍋に水500mℓとはまぐりを入れて煮ます
❸はまぐりの口が開いたらおみそを大さじ2くらい溶き入れます
❹火を止めて盛り付けたらお好みで小ねぎをのせて完成です

**ひなまつりにはお吸い物のはまぐりではなくておみそ汁でいただきます。
はまぐりの濃厚な旨み出汁が贅沢な一杯です**

じゃがいもと油揚げとわかめのおみそ汁

材料

- じゃがいも…中1個
- 乾燥わかめ…約2g
- 油揚げ…1枚
- お出汁パック
- お好みのおみそ

作り方

❶鍋に水とお出汁パックとじゃがいもを入れて火にかけます
❷沸騰したら少し火を弱めて油揚げを入れて約5分程煮ます
❸乾燥わかめを入れて2〜3分煮ます
❹火を止めておみそを溶き入れて完成です

コメント **じゃがいもを水から煮て旨みをひきだしまます。わかめと油揚げの定番具材にじゃがいもをプラスして**

セロリと生姜のごま風味おみそ汁

材料

- セロリ…1/3本
- 生姜
- ごま油　●いりごま
- 鶏ガラ顆粒だし…小さじ1
- 赤みそ

作り方

❶セロリの茎の部分とスライスした生姜をごま油で炒めます
❷水を入れて沸騰したら鶏ガラ顆粒だし小さじ1とセロリの葉を入れます
❸再び沸騰したら火を止めておみそを溶き入れます
❹盛り付けたらお好みでいりごまを手でつぶしながら上からかけて完成です

コメント **葉っぱも入れたセロリの風味と生姜のピリ辛な刺激が良く合います。ごま油で炒めた香りでスープ系に近い一杯です**

玉ねぎと油揚げとしめじのおみそ汁

材料

- 玉ねぎ…1/2個
- しめじ…1/2株
- 油揚げ…1枚
- お出汁パック
- お好みのおみそ

作り方

❶石突を取ったしめじとお出汁パックを水から煮ます
❷沸騰したら油揚げとスライスした玉ねぎを入れて3〜4分煮て火を止めます
❸おみそを溶き入れて完成です

コメント

半分ずつ余っていた玉ねぎとしめじの使い切りができる
おみそ汁の包容力はスゴイ！

うるいのおみそ汁

3/7

材料

- うるい…2束
- お出汁パック
- 白みそ

作り方

❶鍋に水とお出汁パックを入れて沸騰したら4〜5分程煮ます
❷カットしたうるいを入れます
❸1分程で火を止めておみそを溶き入れて完成です

コメント

シンプルにうるいだけで春の風味と鮮やかなグリーンで春を感じられる一杯です。
かつおと昆布だしとおみその風味がそのまま味わえるクセのないシンプルさが◎

コーンと三つ葉と溶き卵のおみそ汁

材料

- コーン缶…お好みの量をのせます
- 三つ葉…適宜　● 卵…1個
- お出汁パック
- お好みのおみそ

作り方

❶鍋にお出汁パックを入れて沸騰したら4〜5分煮出します
❷お出汁パックを取り出して強火にして沸騰させた状態で溶き卵を菜箸に伝わせて細くまわし入れます
❸一旦火を弱めおみそを溶き入れます。お玉で大きく全体を混ぜて火を止めます
❹三つ葉は鍋に入れても盛り付けてから後のせでもお好みで
❺汁を切った缶詰のコーンを後からミモザみたいにお好みでのせて完成です

コメント **3月8日は『ミモザの日』イタリアでは女性にミモザのお花を贈って日頃の感謝を伝える日だそうです。ミモザみたいな黄色いおみそ汁で感謝を伝えよう！**

新ごぼうと舞茸と長ねぎのおみそ汁

材料

- 新ごぼう…1本　● 舞茸…1パック　● 長ねぎ…1/2本
- お出汁パック（かつおと昆布）
- 粉末いりこだし（なくてもOK）
- 赤みそ

作り方

❶新ごぼうと長ねぎは同じように斜め薄切りにカットします
❷ごぼうと舞茸をお出汁パックと一緒に水から煮ます
❸沸騰したら4〜5分程煮ます
❹粉末のいりこだし（お好みで）を入れて長ねぎを入れます
❺おみそを溶き入れて火を止めて完成です

コメント **舞茸は濃厚な旨みだけどおつゆの色が黒くなりますが、赤みそ系を使えば色あいも気にならないしおみそも濃厚でお互いの相乗効果が煮干しだしともぴったりです**

カリフラワーのポトフ風おみそ汁

材料

- カリフラワー…約80g
- 粗びきソーセージ…4〜5本
- 玉ねぎ…1/2個　● 人参…1/3本　● いんげん…3本
- 鶏ガラ顆粒だし…小さじ1
- あわせみそ

作り方

❶半月切りの人参、一口大にしたカリフラワー、少し厚めにスライスした玉ねぎを水から煮ます
❷沸騰したら少し火を弱めてコトコト10分程煮ます
❸斜めに半分にカットしたソーセージと鶏ガラ顆粒だしを入れ1〜2分煮ます
❹下茹でしてカットしたいんげんを加えます
❺火を止めておみそを溶き入れて完成です

コメント　**ゴロゴロお野菜が柔らかく煮込まれて、彩りもキレイな食べ応えのある、おかずにもなる一杯でした**

油揚げとお豆腐とニラキムチのおみそ汁

材料

- 油揚げ…2枚
- お豆腐…200g
- ニラ…3束
- キムチ…30〜50g（お好みの量で）
- お出汁パック
- あわせみそ

作り方

❶鍋に水とお出汁パックを入れて沸騰したら3〜4分煮ます
❷油揚げは少し大きめにカットして入れ2分程煮ます
❸カットしたお豆腐を入れキムチを加えます
❹ニラを入れたらおみそを溶き入れて火を止めて完成です

コメント　**いつものお豆腐と油揚げのおみそ汁にキムチとニラを入れたチゲ風な一杯です。生姜なども加えても◎　油揚げを少し大きめにカットして主役にしてみました**

菜の花とさくら麸のおみそ汁

材料

- さくら麸（花麸）…適宜
- 菜の花…2束
- お出汁パック
- お好みのおみそ

作り方

❶さくら麸はぬるま湯で約10分くらい浸しておくと柔らかく戻っておいしく食べられます
（※お麸の包装に記載の通りにお使いください）
❷下茹でした菜の花をカットしてスタンバイ
❸鍋に水とお出汁パックを入れて5分程煮ます
❹戻したさくら麸は両手で手のひらを合わせるように優しく水気を絞り鍋に入れます
❺菜の花を入れたら火を止めておみそを溶き入れて完成です

コメント **おみそ汁にお花を咲かせましょう。食卓にも小さな春み〜つけた！下茹でしてストックした菜の花で簡単にかわいいおみそ汁ができます**

ブロッコリースプラウトと玉ねぎのおみそ汁

材料

- ブロッコリースプラウト…約8〜10g
- 玉ねぎ…1/2個
- お出汁パック
- お好みのおみそ

作り方

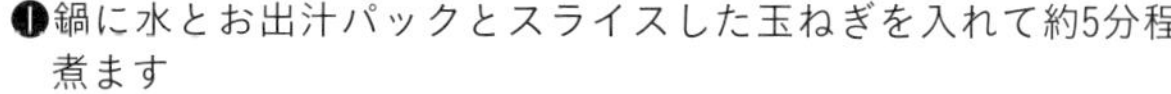
❶鍋に水とお出汁パックとスライスした玉ねぎを入れて約5分程煮ます
❷火を止めておみそを溶き入れます
❸盛り付けたらブロッコリースプラウトをのせて完成です

コメント **体内でスルフォラファンに変化する成分が含まれるブロッコリースプラウトは加熱しないほうがいいので、生のまま玉ねぎのおみそ汁にのせました**

ホタテと春野菜の豆乳おみそ汁

3月

材料

- 新じゃが…小3個
- 新玉ねぎ…1/2個
- アスパラ…3本
- 人参…1/3本　●椎茸…2個
- ベビーホタテ（生食サラダ用）…8個
- 鶏ガラ顆粒だし…大さじ1
- あわせみそ…大さじ2
- 豆乳…200〜300mℓ
- お好みのオイル（炒め用）適宜

作り方

❶ホタテ以外のお野菜と椎茸を食べやすくカットしてオイルで軽く炒めます
❷水約300mℓを入れて沸騰してから5分程煮ます。煮えないときは少し水を加えて煮ます
❸じゃがいもや人参に火が通ったら鶏ガラ顆粒だしを入れてホタテを入れます
❹おみそを溶き入れます
❺最後に豆乳を入れて沸騰させないようにあたためて火を止めて完成です。味を見ながら豆乳の分量を調整してください

コメント　ホワイトデーに豆乳のスープ系おみそ汁です。
ホタテの優しい風味とゴロゴロたっぷり春野菜でパン食にも合うごちそうの一杯です

3月

フルーツトマトと菜の花のおみそ汁

材料

- フルーツトマト…2個
- 菜の花…2束
- かつお節と昆布と干し椎茸をミルで挽いた自家製粉末だし…約大さじ1（お好みのお出汁でOK）
- あわせみそ

作り方

❶鍋に水を沸騰させてカットした菜の花を入れます
❷パッと鮮やかになったら粉末のお出汁を入れます
❸串切りにカットしたトマトを皮付きのまま入れます
❹すぐに火を止めておみそを溶き入れて完成です

コメント **寒い時期から春先に出回るフルーツトマト。菜の花と出会えるのはわずかな期間だけ。お出汁の旨み、トマトの旨みとほのかな酸味、菜の花のほろ苦さとおみそのコクの相乗効果**

生わかめと菜花と新玉ねぎのおみそ汁

材料

- 生わかめ…約15〜20g
- 新玉ねぎ…1/2個
- 菜花…2束
- お出汁パック
- 白みそ

作り方

❶鍋に水とお出汁パックとスライスした新玉ねぎを入れて火にかけ、沸騰してから約5分煮ます
❷カットした生わかめを加え2分程煮ます
❸下茹でしてカットした菜花を加えます
❹おみそを溶き入れて火を止めて完成です

コメント **新玉ねぎの甘みと菜花の風味がよく合います。三陸の生わかめは茎の食感までしっかりしていて乾燥わかめとは全然違いますね。季節のおいしさがギュッと詰まっている一杯です**

もやしの野菜炒め豚汁

3/17

材料

- 豚肉…120～150g　● もやし…1/2袋
- 人参…1/3本　● 椎茸…2個
- キャベツ…2枚　● 玉ねぎ…1/2個
- ピーマン…1個
- 生姜…1かけ
- ごま油…大さじ1
- あわせみそ

作り方

❶ごま油で豚肉と生姜を炒めて人参、椎茸、玉ねぎを炒めます
❷キャベツ、ピーマン、もやしは後からサッと炒めて水を入れて3～4分程軽く煮ます
❸おみそを溶き入れて火を止めて完成です

コメント 肉野菜炒めの味付けをせずにおみそ汁と合体すれば野菜炒め分の塩分をカット!!
盛り付ける時、具をお玉にたっぷり入れおつゆを少な目にしたらさらに減塩メニューとしても期待

切り干し大根とわかめと油揚げのおみそ汁

3/18

材料

- 切り干し大根…約15～20g（乾燥）
- 乾燥わかめ…2g　● 油揚げ…1枚
- 煮干しとかつお節と昆布あわせ出汁パック（お好みのお出汁でOK）
- 赤みそ

作り方

❶切り干し大根をサッと水洗いしてギュッと絞ったら適当にカットします
❷鍋に水とお出汁パックと切り干し大根を入れ沸騰したら約5分程煮ます
❸カットした油揚げと乾燥わかめを入れて更に2～3分程煮ます
❹火を止めておみそを溶き入れて完成です

コメント 切り干し大根は長く水で戻さなくても表面をサッと洗い流す程度でギュッと絞ってカットしたらすぐに鍋に入れて使えて便利です。切り干し大根の旨み出汁も出ます

3/19

根菜の豚汁

材料

- 大根…1/6本
- 人参…1/3本
- ごぼう…1/2本
- れんこん…1節
- 里芋…2個
- 豚肉…200〜230g
- 椎茸…2個
- 赤みそ
- ごま油…大さじ1
- お好みで長ねぎ、七味唐辛子

作り方

❶ごま油でごぼうの香りが立つまでしっかり炒めます
❷豚肉を炒め、色が変わったら、大根、人参、れんこん、里芋、椎茸も炒めます
❸水を入れ火にかけて煮ます
❹沸騰したらアクを取り10〜15分程煮込みます
❺根菜類が柔らかくなったらおみそを溶き入れて火を止めます
❻盛り付けたら長ねぎや七味などをお好みでかけて完成です

コメント 根菜たっぷりの豚汁とおにぎりで幸せ気分。ねぎみそとすじこのおにぎりが食欲UP

けんちん汁風おみそ汁

精進料理をおみそ汁で

材料

- ごぼう…1/2本
- 大根…1/6本
- 人参…1/3本
- こんにゃく…1/2枚
- 厚揚げ…約120〜150g
- 干し椎茸…3個（戻し汁200mℓ）
- 小ねぎ…適宜
- ごま油…大さじ2
- 赤みそ

作り方

❶ごま油で斜め切りのごぼうを香りが立つまでしっかり炒めます
❷いちょう切りの大根と人参も炒めます
❸スプーンでちぎってあく抜きしたこんにゃくと、手でちぎった厚揚げを一緒に炒めます
❹水で戻した干し椎茸をカットして入れ干し椎茸の戻し汁と水で合わせて約7〜800mℓくらいになるように入れます
❺15分程煮て大根が柔らかくなったら火を止めておみそを溶き入れ盛り付けたらお好みで小ねぎをのせて完成です

コメント 春分の日には精進料理のひとつ『けんちん汁』をおみそ汁仕立てでいただきます。干し椎茸の戻し汁とごま油のコクで旨みと香りの高い一杯です

大根のつまと大葉みょうがのおみそ汁

材料

- 大根のつま…約120g
- 大葉…3枚
- みょうが…1個
- お出汁パック
- お好みのおみそ

作り方

❶鍋に水とお出汁パックを入れて沸騰したら5分程煮ます
❷大根のつまを入れておみそを溶き入れて火を止めます
❸盛り付けたらお好みで大葉やみょうがなどをのせて完成です

コメント **大根のつまはお出汁が沸騰したらパッと入れて煮込まなくてもいいから便利。ジャキジャキしてるけどホロホロ食べやすいさっぱりヘルシー麺みたいでおススメです**

小松菜とえのき茸と焼き麩のおみそ汁

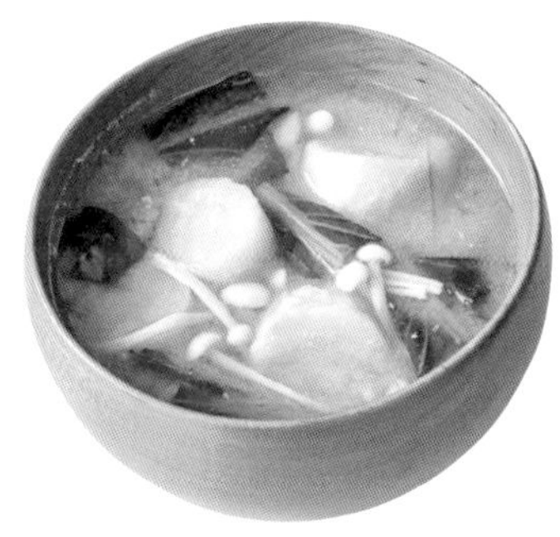

材料

- 小松菜…2束　● えのき茸…1/3株
- 焼き麩…8個〜10個
- お出汁パック
- 白みそ

作り方

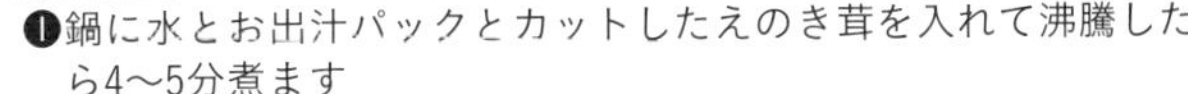

❶鍋に水とお出汁パックとカットしたえのき茸を入れて沸騰したら4〜5分煮ます
❷カットした小松菜の茎の部分を先に入れてちょっとの時間差で葉っぱの部分を入れます
❸沸いてきたら火を止めおみそを溶き入れます
❹最後に焼き麩を入れてゆっくり大きくお玉で全体を混ぜたら完成です（その間にお麩におつゆがしみこみます）

コメント **えのき茸の旨みと優しい白みそのおつゆをじゅわ〜っと含んだ焼き麩がふんわりおいしい一杯です**

新玉ねぎとしめじとなすのおみそ汁

材料

- なす…1本
- 新玉ねぎ…1/2個
- しめじ…1/2株
- ごま油…大さじ1
- お出汁パック
- 赤みそ

作り方

❶なすを輪切りに太いものは半月切りにしてごま油で炒めます
❷しめじと串切りの新玉ねぎを入れたら水とお出汁パックを入れ沸騰したら約5分煮ます
❸なすや玉ねぎが煮えたらおみそを溶き入れ火を止めて完成です

コメント **なすをごま油で炒めたじゅわっと感と新玉ねぎの甘みを合わせた、何気ない普段の食材の組合せなのにボリュームのある一杯です**

ブロッコリーとすりごまのおみそ汁

材料

- ブロッコリー花蕾・茎・枝葉…丸ごと一個分をサッと茹でて半分くらい取り出して茹で汁ごとおみそ汁に
- お出汁パック
- すりごま…大さじ3〜4
- お好みのおみそ

作り方

❶ブロッコリーの花蕾を一口大に切り、茎は短冊切りに、枝葉は小口切りにカットします
❷お湯が沸騰したらすべてのブロッコリーを入れサッと茹でます
❸おみそ汁にする分はそのままで、半分くらい花蕾などを取り出して冷まして別のお料理にお使いください
❹茹で汁にお出汁パックを入れて約5分程煮たら火を止めます
❺おみそを溶き入れてすりごまを鍋に大さじ2くらい入れます
❻盛り付けたらお好みでさらにごまをかけて完成です

コメント **ブロッコリーのすべての部分を茹で汁ごとおみそ汁にすることで栄養素も丸ごと摂取できるのはおみそ汁のスゴイところ！　すりごまを絡めてごま和えみたいな一杯でした**

ほうれん草とお豆腐と油揚げのおみそ汁

材料

- ほうれん草…2束
- お豆腐…200g
- 油揚げ…1枚
- お出汁パック
- お好みのおみそ

作り方

❶鍋に水とお出汁パックを入れて沸騰したら約3〜4分煮ます
❷カットした油揚げを入れて2分程煮たらカットしたお豆腐を入れます
❸下茹でしてカットしたほうれん草を入れ1分程で火を止めます
❹おみそを溶き入れて完成です

コメント　定番のお豆腐と油揚げにほうれん草を入れると緑黄色野菜の栄養素と彩りの鮮やかさがプラス

きんぴらごぼう風おみそ汁

材料

- ごぼう…1/2本
- 人参…1/3本
- ごま油…大さじ2
- お出汁パック
- あわせみそ

作り方

❶ごぼうと人参をささがきにカットします
❷ごま油でごぼうと人参を炒めます
❸水とお出汁パックを入れて煮ます
❹ごぼうと人参に火が通ったらおみそを溶き入れ火を止めます
❺盛り付けたらお好みでごまや一味などをかけて完成です

コメント　ささがきごぼうと人参をごま油で炒めてからおみそ汁にしたおかずおみそ汁です。1品分の味付けをしない塩分を控えられる一杯です。濃厚で甘みのあるおみそがぴったりです

キャベツと温玉のカルボナーラ風おみそ汁

罪なきヘルシーなカルボナーラ風

材料

- キャベツ…2枚
- 玉ねぎ…1/2個
- ベーコン…約60g
- 温泉卵…2個（人数分）
- 豆乳…200〜300mℓ
- オリーブオイル…大さじ1
- 粉チーズ（パルメザン）
- 粗びき黒こしょう…お好みで
- あわせみそ

作り方

❶キャベツ（粗めにせん切り）、玉ねぎ（スライス）、カットしたベーコンをオリーブオイルで炒め、水を約250〜300mℓ入れて煮ます

❷おみそ約大さじ2を溶かし入れ、パルメザンを3振り程入れて混ぜます

❸豆乳を2〜300mℓ入れて沸騰しないように温めて火を止めます

❹具だくさんに盛り付けて真ん中にくぼみを作り、温泉卵をのせます。お好みで追いパルメザンと粗びき黒こしょうをかけて完成です

コメント カロリー高めのカルボナーラを麺なしのキャベツと玉ねぎたっぷりヘルシー仕立て。温泉卵とパルメザンと豆乳のおみそ汁を合わせると…言われてみればカルボナーラ風

3月

ペラペラ豆腐とわかめとなめこのおみそ汁

材料

- 絹ごし豆腐…150～200g
- 乾燥わかめ…約2g
- なめこ…1袋
- お出汁パック
- 赤みそ

作り方

❶ペラペラカットのお豆腐は絹ごし豆腐の小パックを半分にカットして端から2～3㎜にカットします
❷水600㎖にお出汁パックを入れ沸騰から3分程煮ます
❸サッと下茹でしたなめこと乾燥わかめを入れ2～3分程煮ます
❹おみそを溶き入れ、最後にペラペラカットのお豆腐を包丁などに乗せてそっと鍋に入れて火を止めて完成です。意外と崩れにくいですが盛り付けもそっと、そっと…

コメント **定番のおみそ汁もお豆腐の切り方で見た目にも、舌触りも、味わいすらもなんかいつもと違う！ 2㎜の薄さにカットでぺらんと…とぅるんと。お豆腐の甘みも濃い？！感じ。**

小松菜とえのき茸と木綿豆腐のおみそ汁

材料

- 小松菜…2束
- えのき茸…1/3株
- 木綿豆腐…200g
- お出汁パック
- お好みのおみそ

作り方

❶鍋に水とえのき茸とお出汁パックを入れて煮ます
❷カットした小松菜の茎を先に入れて1分後くらいで葉の部分も入れます（一緒にドバっと入れてもOK）
❸カットしたお豆腐を入れます
❹鍋のフチがフツフツ沸いてきたら火を止めておみそを溶き入れて完成です

コメント **よく使う定番の小松菜とえのき茸に木綿豆腐を組み合わせて ホッと安心できる優しい一杯です**

生あおさと長芋とスナップエンドウのおみそ汁

材料

- 長芋…約90～100g（5cmくらい）
- 生あおさ…約8～10g
- スナップエンドウ…6個
- お出汁パック
- 白みそ

作り方

❶長芋はよく洗い皮ごと拍子木切りに、スナップエンドウは筋を取って斜め半分にカットします
❷鍋でお出汁パックを煮出したらスナップエンドウを入れてサッと茹でるように火を入れます
❸サッと水洗いした生あおさと長芋を入れたら火を止めて、おみそを溶き入れて完成です
※長芋のレジスタントスターチ（食物繊維）のためにも、生のあおさの香り、おみその甘みのあるさわやかな香りのためにも、ササっとすぐ火を止めましょう

コメント **長芋のポクポクと生のあおさの香りとスナップエンドウの爽やかな風味が米こうじの優しい甘みの白みそにぴったりです。食物繊維たっぷりの一杯**

塩鮭と根菜の酒粕おみそ汁

材料

- 塩鮭…3切れ
- 大根…1/3本
- 人参…1本
- ごぼう…1本
- こんにゃく…1枚
- 長ねぎ…1本
- 酒粕…約大さじ2～3
- 赤みそ

作り方

❶塩鮭は食べやすい大きさに切ります。できれば身を触って当たる小骨を骨抜きやピンセットで取り除くと食べやすいです
❷水1ℓに大根、人参、ごぼう、鮭を入れてフタをして煮ます
❸沸騰したらアクを取り、酒粕を溶き入れます。少しかたまりがあっても煮溶けます
❹こんにゃくを入れて具材が柔らかくなるまで煮ます。水が少なくなったら少し加えてください。
❺長ねぎを入れて、おみそを溶かし入れて完成です

コメント **塩鮭と根菜のあったまる具だくさんの酒粕汁。どこか懐かしさのある味わい。これだけでバランスのいいおかずにもなる一杯です**

チンゲン菜と仙台麩のおみそ汁

エイプリルフールにかわいい一杯

材料

- チンゲン菜…2株分
- 仙台麩…3〜4個
- お出汁パック
- あわせみそ

作り方

❶チンゲン菜の茎の株の端をカットするとお花みたいな茎ができます。内側はよく洗って沸騰したお出汁にカットした他の茎の部分も入れて煮ます
❷2分くらいしたらチンゲン菜の葉っぱの部分を入れます
❸仙台麩は大きいので半分にカットして入れ1分程煮ます
❹火を止めておみそを溶き入れます
❺盛り付けはベジフラワーを真ん中にのせて完成です

コメント **エイプリールフールにベジフラワー✼　自然の植物の断面や形って神秘的。チンゲン菜の株の端をカットしたらお花みたいでかわいい!!　柔らかくて甘いから捨てないでおみそ汁に**

春キャベツたっぷり麻婆春雨風おみそ汁

ごはんがすすむ！おかずおみそ汁

材料

- 春キャベツ…3枚
- 鶏ひき肉…100〜120g
- 椎茸…2個　● 生姜…20〜30g
- 春雨…15〜20g
- 長ねぎ…約5cm　● ニラ…3束
- 鶏ガラ顆粒だし…小さじ1
- 豆板醤…大さじ1〜2（お好みの辛さに）
- ごま油…大さじ1
- あわせみそ

作り方

❶春雨は包装表記の通りあらかじめ下茹でしてスタンバイします
❷鶏ひき肉と粗みじんにカットした椎茸と、せん切りにした生姜をごま油で炒めます
❸豆板醤を入れて絡めながら炒め、ザクザクせん切りの春キャベツもサッと炒めます
❹水を約600mℓ入れ、沸騰したら鶏ガラ顆粒だしを入れ2〜3分煮ます
❺春雨とニラを入れて再び沸騰したら火を止めます
❻おみそを溶き入れて盛り付けたらお好みで白髪ねぎをのせて完成です

コメント 春キャベツと鶏ひき肉で麻婆春雨みたいなおかずになる一杯でした。
生姜と豆板醤のちょいピリ辛でキャベツもごはんもモリモリいけます

水菜とサラダ玉ねぎのおみそ汁

材料

- 水菜…1/2袋
- サラダ玉ねぎ…1/2個
- お出汁パック
- 白みそ

作り方

❶沸騰したお出汁にスライスした玉ねぎとカットした水菜を入れます
❷鍋のフチがフツフツ沸いてきたら火を止めます
❸おみそを溶き入れて完成です。甘みのあるサラダ玉ねぎは煮込まずにサッとでOK!

コメント **使い切るのが大変なくらい楽しめる大量の水菜も、玉ねぎとサラダにした残りを両方半分ずつ使い切りできた一杯でした。サッとパパっと使える便利具材です**

生わかめとたけのことお豆腐のおみそ汁

材料

- 国産たけのこ水煮…120〜140g
- 絹ごし豆腐…200g
- 生わかめ…約15〜20g
- お出汁パック
- お好みのおみそ

作り方

❶市販の水煮したたけのこをカットします
❷お出汁が沸騰したらたけのこを入れてカットした生わかめを入れてサッと煮ます
❸お豆腐を入れたらおみそを溶き入れて火を止めて完成です

コメント **生わかめとたけのこのおみそ汁です。
生のたけのこも出始めましたが…今日は水煮の国産たけのこで簡単に春らしく**

牡蠣の豆乳おみそ汁

4/5

コレはすごい！
牡蠣の旨みがまろやかに味わえる

材料

- 大粒春牡蠣…7〜8個
- 玉ねぎ…1/2個
- しめじ…1/2株
- スナップエンドウ…4個
- にんにく…2片
- 豆乳…200〜300mℓ
- あわせみそ

作り方

❶牡蠣の下処理はボールの中で塩水で洗って、サッと流水でヒダヒダの部分なども洗って準備OK
❷串切りの玉ねぎ、しめじ、厚めにスライスしたにんにくを約400mℓくらいの水で沸騰してから5分くらい煮ます
❸牡蠣を入れて、再び沸騰したら中火で4〜5分くらい火を入れます
❹おみそを溶き入れて、豆乳を入れたら沸騰させないように温めて火を止めます
❺盛り付けたらお好みで彩りに下茹でしたスナップエンドウを添えて完成です

コメント **大粒の牡蠣の旨み出汁と豆乳のまろやかさとおみそのコクがごちそう感のあるおいしさで、リピしたい一杯**

お豆腐とブナピーと白玉麩のおみそ汁

材料

- 絹ごし豆腐…200g
- ブナピー…40g
- 白玉麩…約15〜20個
- お出汁パック
- 白みそ

作り方

❶白いしめじのブナピーとお出汁パックを水から煮ます
❷沸騰して4〜5分くらい煮たらお豆腐を入れます
❸おみそを溶き入れて最後に白玉麩を入れて火を止めて完成です

コメント **白の日、4(シ)月6(ロ)日。四角いお豆腐、丸いお麩、ポコポコ賑やかです。クセがなくて相性のいい白い具材で白みそ仕立てのワントーンコーデの一杯**

ハートわかめとかぶのおみそ汁

材料

- 乾燥わかめ…2g
- かぶ（葉付き）…小2個
- お出汁パック
- お好みのおみそ

作り方

❶白いかぶの部分は串切りに、葉は2㎝くらいにカットします
❷お出汁パックが沸騰したら串切りのかぶを入れて4〜5分煮ます
❸かぶの葉の部分と乾燥わかめを入れて2〜3分煮ます
❹おみそを溶き入れて完成です。春のかぶは柔らかくてみずみずしくて葉っぱまで甘みがあっておいしい季節です

コメント **うっそ〜!!　普通の乾燥わかめにこんなハートが。まさかの奇跡的ラッキーアイテムを獲得したようなささやかなシアワセをみんなでシェアしたい〜。いいことありそうな一杯でした**

もずくとレタスのおみそ汁

材料

- 洗いもずく…約80～100g
- レタス（できれば外側）…2枚
- お出汁パック
- お好みのおみそ

作り方

❶お出汁が沸騰したら洗いもずくをそのまま入れます
❷レタスを手でちぎって入れます
❸おみそを溶き入れて完成です

コメント **簡単でまな板や包丁いらずの時短おみそ汁。**
洗いもずくはお出汁にそのまま入れて、レタスも手でちぎって

もやしとわかめと油揚げのおみそ汁

材料

- もやし…1/2袋
- 油揚げ…1枚
- 乾燥わかめ…2g
- お出汁パック
- あわせみそ

作り方

❶もやしは沸騰した鍋で約1分程茹でてから湯を切ります
❷お出汁が沸騰したらカットした油揚げと乾燥わかめを入れて2分程煮ます
❸下茹でしたもやしを入れてひと煮立ちしたら火を止めます
❹おみそを溶き入れて完成です。お好みで七味などをかけてアクセントに

コメント **わかめと油揚げの定番具材にお財布にも優しいもやしを組み合わせた一杯。**
もやし特有の青臭さ解消はサッと下茹でして。旨みと甘みの濃厚なおみそがぴったり

桜鯛のおみそ汁

おめでたい！ごちそうおみそ汁

材料

- 真鯛（あら・身）お頭付き…半身分
- 大根…8㎝くらい
- 人参…5㎝くらい
- 生姜…約20g
- 酒…100㎖
- 長ねぎ…適宜
- 赤みそ

作り方

（真鯛は鮮魚専門店さんからあら汁用におろしていただきました）

- 真鯛の下処理は、アラに塩をまぶして30分くらい放置。軽く水で塩を流して沸騰した鍋に入れすぐに身が白くなったらザルにあげます。流水で血合いなど丁寧に洗い流します。身の部分は塩はしないでサッと湯通しします

❶鍋にスライスした生姜、いちょう切りの大根、人参と水1ℓを入れ下処理した鯛のアラと酒を入れて火にかけます
❷沸騰したらアクを取り10分程煮ます。鯛の身の部分を入れ2分程で小口切りの長ねぎとおみそを約60g溶き入れます
❸盛り付けたらお好みでせん切り生姜や長ねぎをのせて完成です

コメント **桜の咲く季節の真鯛を『桜鯛（さくらだい）』って粋な季節感の呼び名です。新入学や就職お祝いなどのおめでたいごちそうの一杯でした**

こごみと春キャベツとすり胡麻のおみそ汁

材料

- こごみ…6～7本
- 春キャベツ…2枚
- お出汁パック
- すり胡麻…お好みで
- 白みそ

作り方

❶こごみはアク抜きは必要ないので水洗いだけします。渦巻きの部分は優しく広げてゴミや枯れた葉などを取り除きます。茎の根元の茶色い部分は落として食べやすい長さにカットします
❷お出汁が沸騰したらこごみとざく切りしたキャベツを入れます
❸沸騰したら1分程煮たら火を止めます
❹おみそを溶き入れ、盛り付けたらすり胡麻をお好みでかけて完成です

コメント **アクがなくてクセのない食べやすい山菜のこごみと春キャベツを組み合わせた春の味覚ペア。ごまの風味とキャベツの甘みに米こうじたっぷりの白みそで**

たけのこと厚揚げの酒粕豚汁

材料（4～6杯分）

- 豚肉…約200g
- たけのこ…約200～300g
- 厚揚げ…200g
- 椎茸…3個
- 酒粕…約大さじ4
- 赤みそ…約大さじ4
- 絹さや…適宜

作り方

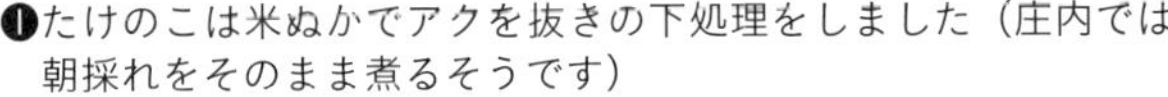

❶たけのこは米ぬかでアクを抜きの下処理をしました（庄内では朝採れをそのまま煮るそうです）
❷鍋に水1.2～1.5ℓに一口大にカットした椎茸、厚揚げ、たけのこ、豚肉を入れて火にかけます
❸沸騰したらアクを取りながら5分程煮ます
❹酒粕を溶かし入れさらに5分程煮たらおみそを溶き入れ火を止めます
❺盛り付けたら彩りに絹さやなどお好みで添えて完成です

コメント **たけのこと厚揚げと酒粕を入れた豚汁。山形県庄内の郷土料理『孟宗（もうそう）汁』をイメージして作ってみました。こっくりした煮物みたいな豚汁が心身ともにあったまります**

雪下にんじんと小松菜と油揚げのおみそ汁

材料

- 雪下にんじん（普通の人参でOK）…約30g
- 小松菜…2束
- 油揚げ… 1枚
- お出汁パック
- お好みのおみそ

作り方

❶お出汁が沸騰したらカットした油揚げを入れて3分程煮ます
❷カットした小松菜を入れて2分程煮たら火を止めて、おみそを溶き入れます
❸盛り付けたら真ん中にスライサーでせん切りにした人参をのせて完成です

コメント **新潟県の雪深い津南町の雪の下で越冬させる雪下にんじんは甘みや旨みが増しておいしい！スライサーで細くせん切りにして小松菜と油揚げのおみそ汁にのせた一杯**

ねぎみそを溶くだけのおみそ汁

材料

★ねぎみその分量

- 長ねぎ…約1/3本
- お好みのおみそ…約大さじ3杯

作り方

❶長ねぎをスライサーなどで薄くスライスしておみそを混ぜ合わせます
❷お椀に①のねぎみそを大さじ1杯分くらいを目安に入れます
❸熱湯を少し入れて溶かしたらお好みの濃さまでお湯を入れて混ぜたら完成です。
お湯で溶かすだけでも充分長ねぎとおみその風味は味わえますがお好みで削り節などをお椀に入れても風味がアップします

コメント **小口切りや薄くスライスした長ねぎとおみそを混ぜるだけの『ねぎみそ』はごはんのお供にも◎。このねぎみそを熱湯で溶くだけの超！時短ズボラな一杯です**

ふわふわ豆腐の鶏だんごと春キャベツのおみそ汁

クリーム豆腐でふんわり優しい鶏だんご

材料

- 鶏ひき肉…200g
- 絹ごし豆腐…100g
- 卵…1個　● 片栗粉…大さじ2
- 塩麹…大さじ1
- おろし生姜…大さじ1
- スライス生姜…適宜
- 人参…1/3本
- キャベツ…1枚
- 鶏ガラ顆粒だし…小さじ1
- あわせみそ

作り方

❶ふわふわ鶏だんごはお豆腐を泡だて器などでクリーミーにして、卵、片栗粉、塩麹、おろし生姜を混ぜてから鶏ひき肉を入れてよく混ぜます（鶏だんごは半分くらいをおみそ汁に残りは鶏バーグなどに）

❷鍋に水約600mℓとせん切りした人参とスライス生姜を入れて沸騰したら①をスプーン2本を両手に持って丸く丸めて鍋に入れ、しばらく煮て浮かんできたら中まで火が通ったサイン

❸鶏ガラ顆粒だしとキャベツを入れておみそを溶き入れて火を止めます

❹盛り付けたら生姜や小ねぎなどお好みでのせて完成です

コメント **お豆腐を泡だて器でクリーミーして混ぜたふわふわ鶏だんごとキャベツのスープ系なおみそ汁は、生姜がアクセントでぽかぽか食べ応えのある一杯**

北海あさりのおみそ汁

あさりのふっくら砂出し法と
水出し昆布の旨み

材料

★あさりの砂出し用
- 水500mℓ
- 塩大さじ1
- 片栗粉大さじ1

★おみそ汁用
- あさり約150〜200g
- 昆布約5〜6g
- 赤みそ

作り方

❶あさりの砂出しは水に塩と片栗粉を混ぜてあさりが半分程浸かるように入れてひと晩おきます。片栗粉で身がふっくら縮まない方法とのこと（確かにふっくら仕上がったかも）
❷水500〜600mℓに昆布をひと晩浸けておきます
❸サッと水洗いしたあさりと②の昆布を取り出した水を鍋に入れ、中火でゆっくり火にかけます
❹アクを取り除きながら、口が開いたらおみそを約大さじ2くらい溶き入れて火を止めます
❺盛り付けたら小ねぎなどお好みでのせて完成です

コメント **あさりの砂出しを教えていただいた新たな方法でやってみました。**
水出し昆布だしを使ってあさりの旨みを引き出した一杯。取り出した昆布は昆布の佃煮に

白菜となめことわかめのおみそ汁

材料

- なめこ…1袋
- 白菜…1枚
- 乾燥わかめ…2g
- お出汁パック
- 赤みそ

作り方

❶お出汁が沸騰したら小さくさいの目切りにした白菜の芯の部分を入れます
❷なめこ、わかめ、白菜の葉の部分を入れて3分程煮ます
❸火を止めておみそを溶き入れて完成です

コメント **白菜の白い芯の部分を小さい四角いさいの目切りにカットしたらかわいいし小さくて意外と食べやすくていつもの白菜がちょっとイメチェン**

ほうれん草とえのき茸と新玉ねぎのおみそ汁

材料

- ほうれん草…3束
- えのき茸…1/2株
- 新玉ねぎ…1/2個
- お出汁パック
- 白みそ

作り方

❶鍋に水とお出汁パックとえのき茸を入れて煮ます
❷沸騰したら少し厚めにスライスした新玉ねぎを入れて沸騰後3～4分程煮ます
❸下茹でしてカットしたほうれん草を入れます
❹おみそを溶き入れて火を止めて完成です

コメント **新玉ねぎの甘みとえのき茸の旨みと米こうじたっぷりの優しい甘みの白みそがちょうどよく調和されている、ササっとおいしい一杯**

冷凍フライドポテトとわかめのおみそ汁

簡単！じゃがいもおみそ汁

材料

- 冷凍フライドポテト（皮付き）…80g
- 乾燥わかめ…2g
- お出汁パック
- お好みのおみそ

作り方

❶お出汁が沸騰したら、冷凍フライドポテトを入れて2分くらい煮ます
❷乾燥わかめを入れて2〜3分煮ます
❸フライドポテトに箸をさして柔らかくなったらおみそを溶き入れて完成です
今回は皮付きでしたが、その他いろいろな形の冷凍フライドポテトでも可能です。太さなどにより煮る時間や分量を調整してお試しください

コメント　**冷凍のフライドポテトだってちゃ〜んとじゃがいもです。冷凍のまま沸いたお出汁に入れて時短で煮える超便利食材が降臨!!**

春の豚汁

材料

- 豚肉…180〜200g　● 水煮たけのこ…120〜140g
- 新玉ねぎ…1/2個　● 春キャベツ…1枚
- 大根…5cm　● 人参…3cm　● ごぼう…1/2本
- しめじ…半株　● ごま油…大さじ1　● 酒…大さじ2
- お好みのおみそ

作り方

❶ごま油でごぼうの香りが立つくらい炒め、豚肉も炒めます
❷いちょう切りの大根、人参、しめじをサッと炒め酒を絡めます
❸水900mℓから1ℓを入れて8〜10分程煮ます
❹大根が柔らかくなり始めたらカットしたたけのこと串切りの新玉ねぎを入れてさらに煮ます
❺ざく切りのキャベツは彩りよく最後にサッと火を入れておみそを溶き入れて完成です

コメント　**新玉ねぎ、たけのこ、春キャベツなど春を代表する食材たちが奏でるハーモニー。春キャベツをサッと仕上げて彩りよく**

マッシュルームと小松菜のおみそ汁

材料

- 国産マッシュルーム（千葉県産）…約6個
- 小松菜…1束
- お出汁パック
- お好みのおみそ

作り方

❶マッシュルームは洗わずに汚れなどがあればキッチンペーパーで拭き取ります
❷鍋に水500mℓとお出汁パックとスライスしたマッシュルームを入れて沸騰したら4〜5分煮ます
❸小松菜を入れて2分程煮ます
❹火を止めておみそを溶き入れて完成です

コメント　**マッシュルームの旨みが濃厚。サラダや洋風料理だけじゃない!!意外とおみそ汁に入れても小松菜や玉ねぎなどとも相性GOOD**

4月

わかめと焼き麩とスナップエンドウのおみそ汁

材料

- 乾燥わかめ…2g
- 焼き麩…約12個
- スナップエンドウ（下茹で済）…約6個
- お出汁パック
- お好みのおみそ

作り方

❶お出汁が沸騰したら乾燥わかめを入れて約2分煮ます
❷おみそを溶き入れてお麩を入れて火を止めます
❸盛り付けたら、下茹でして斜めにカットしたスナップエンドウを彩りよく散らして完成です

コメント　**シャキっと甘いスナップエンドウとお出汁のきいたおつゆがじゅわ〜っと滲みこんだお麩がいい組み合わせの一杯**

春キャベツともやしのみそラーメン風おみそ汁

- 豚ひき肉…120g　● 春キャベツ…2枚
- もやし…1/2袋　● コーン…1缶
- おろし生姜…大さじ1
- ごま油…大さじ1
- 鶏ガラ顆粒だし…小さじ1
- あわせみそ

❶ひき肉をごま油で炒め、おろし生姜ともやしを入れ水約600㎖入れ煮ます
❷沸騰したらアクを取り、鶏ガラ顆粒だし、コーン、ざく切りキャベツを入れサッと1〜2分煮ます
❸おみそを溶き入れて完成です。お好みで粗びき黒こしょうや長ねぎなどのせてアクセントにも

春キャベツのおいしい季節にとことん楽しむカンタンごちそうメニュー。キャベツともやしを麺代わりにみそラーメンみたいな一杯

わらびと油揚げのおみそ汁

材料

- わらび（あく抜き済）…約8本
- 油揚げ…1枚
- お出汁パック
- お好みのおみそ

作り方

❶お出汁が沸騰したらカットした油揚げを入れ3分程煮ます
❷あく抜き済のわらびを3cmくらいにカットして入れます
❸火を止めておみそを溶き入れて完成です

コメント **旬の山菜から自然のエネルギーを頂いたような一杯。シンプルに季節のおいしさを味わえることに感謝**

玉ねぎと木綿豆腐としめじのおみそ汁

材料

- 玉ねぎ…1/2個
- 木綿豆腐…200g
- しめじ…1/2株
- お出汁パック
- 赤みそ

作り方

❶鍋に水とお出汁パック、しめじ、スライスした玉ねぎを入れ水から火にかけて沸騰したら5分程煮ます
❷カットしたお豆腐を入れ、おみそを溶き入れて火を止めて完成です

コメント **それぞれ定番具材たちなのに久しぶりに再会したような組み合わせ。芳醇な風味の赤みそと合わせてしっかり落ち着ける一杯**

冷凍たこ焼き入りおみそ汁

4/26

4月

材料

- 冷凍たこ焼き…6個（1椀に3個）
- 生あおさ…20g
- 三つ葉…適宜
- 紅生姜…お好みで
- お出汁パック
- あわせみそ

作り方

❶冷凍たこ焼きは表記通りにレンチンで温めておきます（正直煮込むのはちょっと怖かったので）
❷お出汁が沸騰したらおみそを溶き入れてあおさを入れてお椀に盛ります
❸温まったたこ焼きをのせて、三つ葉と紅生姜をのせて完成です。
ソースの絡んでいないたこ焼きがおススメ
おみその分量は少し減らしたほうがいいかもです。長ねぎなどの具材も合うと思います

コメント かつおだしをしっかりきかせたおみそ汁にたこ焼きをのせてじゅわ〜っとしみて。明石焼きならお出汁でおいしいからとかなりのチャレンジおみそ汁。アリかナシかはあなた次第

ブロッコリーの豆乳みそポタージュ

パンにも合うポタージュおみそ汁

材料

- ブロッコリー…小〜中サイズなら丸ごと1個
- 玉ねぎ…中1個
- 豆乳…300〜400mℓ
- 鶏ガラ顆粒だし…大さじ1/2
- にんにく…1かけ
- 白みそ
- オリーブオイル適宜

（多めにできるので冷蔵庫で冷やして何杯かお楽しみください）

作り方

❶ブロッコリーを花蕾、茎、枝葉すべてあとでミキサーにかけられるような大きさにカットします
❷水500mℓにブロッコリーとスライスした玉ねぎとにんにくを入れて柔らかくなるまで煮ます
❸火を止めて鶏ガラ顆粒だしとおみそを大さじ1.5〜2くらい溶かして粗熱を取ります
❹ミキサーやブレンダーなどでポタージュ状にします
❺豆乳を味を見ながら入れて、沸騰しないように温めて火を止めます
❻盛り付けたらオリーブオイルをポタポタかわいい水玉みたいにたらして完成です

コメント **ブロッコリーを丸ごと玉ねぎと豆乳で煮てミキサーでポタージュにしたパン食にも合う胃腸にも優しい一杯**

ニラと人参と糸寒天のおみそ汁

材料

- ニラ…3束
- 人参…20g
- 糸寒天…お好みで（ひとつまみくらい）
- お出汁パック
- お好みのおみそ

作り方

❶お出汁が沸騰したらカットしたニラを入れます
❷おみそを溶き入れて火を止めます
❸盛り付けたらスライサーでせん切りにした人参と、ひとつまみの糸寒天をのせて完成です

コメント **食物繊維を頑張らないで摂りたいとき糸寒天という手があった！後のせで混ぜながら食べるだけ。スープジャーでランチに春雨みたいにつるんとしていい感じ**

牛肉と春雨のチャプチェ風おみそ汁

- 牛肉…180g
- 春雨…15～20g
- ピーマン…2個
- 人参…5cm
- 生きくらげ…30g
- ごま油…大さじ2
- 酒…大さじ1
- 鶏ガラ顆粒だし…小さじ1
- いりごま適宜
- 赤みそ

作り方

❶春雨は包装袋に表示されている通りに茹でておきます
❷ごま油で細切りの人参、きくらげ、ピーマンの順に炒め牛肉を入れサッと炒めます
❸酒を入れて水500～600mℓ入れて煮ます
❹沸騰したらアクを取り鶏ガラ顆粒だしを入れて混ぜ、春雨を入れます
❺おみそを溶き入れて全体を絡めて火を止めます
❻盛り付けたらいりごまをお好みでかけて完成です

おかずをおみそ汁にすることで一品分の味付けをしないで塩分を減らすことができて炒め物の汁にも栄養素があるからおみそ汁ですべて摂れます

たけのこと新物あおさのおみそ汁

材料

- たけのこ（あく抜き済）…約150〜180g
- 乾燥あおさ（新物ラベル付）…2〜3g
- お出汁パック
- 白みそ

作り方

❶お出汁が沸騰したらカットしたたけのこを入れて3〜4分煮ます
❷火を止めておみそを溶き入れます
❸水で1〜2分戻して水を切ったあおさをお椀に入れます
❹熱々のたけのこのおみそ汁をあおさの上に盛って完成です

5月

コメント　**手間はかかるけど自分であく抜きをしたたけのこの風味と味わいは格別です。
また乾燥あおさでも新物は色も鮮やかであまりの香りのよさに感動。滋味深い春の味わいの一杯**

具だくさんという名の在庫整理のおみそ汁

- キャベツ…1/8個
- 小松菜…2束
- 油揚げ…2枚
- えのき茸　● 大根　● 人参
- 長ねぎ…10cm
- お出汁パック
- お好みのおみそ

作り方

❶鍋に水とお出汁パックと大根、人参、えのき茸（きのこや根菜類などがあれば）を入れ水から煮始めます
❷沸騰して5分程煮たら油揚げ、キャベツ、小松菜、長ねぎなどを入れて2分程煮ます
❸おみそを溶き入れて火を止めて完成です

**GWには冷蔵庫と冷凍庫の整理をしよう！
具だくさんという名のおみそ汁がすべて受けとめます。庫内も腸内もスッキリ!!**

えのき茸と焼き麩と長ねぎのおみそ汁

材料

- えのき茸…1/2株（80～90g）
- 長ねぎ…1/3本
- 焼き麩…約8～10個くらい
- お出汁パック
- 白みそ

作り方

❶鍋に水とお出汁パックとカットしたえのき茸を入れ、沸騰したら約4～5分煮ます
❷斜め切りした長ねぎを入れておみそを溶き入れます
❸焼き麩を入れ、お玉で大きく全体を混ぜて火を止めて完成です

コメント **あっさりさっぱり系でふんわり優しい焼き麩がほっこりの一杯。えのき茸を煮ることで引き出されるとろみのある旨みがさわやかな白みそと合います**

アスパラとブロッコリーと小松菜のおみそ汁

材料

- ブロッコリー…1/3房
- アスパラ…4～5本
- 小松菜…2束
- お出汁パック
- お好みのおみそ

作り方

❶お出汁が沸騰したら食べやすい大きさにカットしたブロッコリーとアスパラを入れます
❷2分煮たら小松菜を入れます
❸ひと煮立ちしたら火を止めておみそを溶き入れて完成です

コメント **明日はみどりの日、グリーンな具材のおみそ汁。沸騰したお出汁で茹でて茹で汁もすべていただきます**

丸ごと新玉ねぎのあんかけおみそ汁

材料

- 新玉ねぎ…小2個（人数分）
- 鶏ひき肉…80g
- 椎茸…2個　● 酒…大さじ1
- 削り節…約5g
- ブロッコリースプラウト…適宜
- あわせみそ（煮込むことで水量が減りますのでそれによりおみその分量を調整してください）
- 水溶き片栗粉…適宜

作り方

❶新玉ねぎの上下をカットして根の方に十文字の切りこみを1.5〜2cmの深さまで入れます

❷鶏ひき肉とみじん切りの椎茸を炒め、酒を入れ絡めて真ん中にスペースを作り玉ねぎの切りこみを入れた面を下にして焼き付け、水700mℓ入れフタをして途中で上下を返し15分程煮ます。これ以上は煮えていないようでも火を止め余熱でも柔らかくなります

❸お椀に玉ねぎを丸ごと入れ、鍋のおつゆにおみそを溶き入れて水溶き片栗粉でとろみをつけて玉ねぎの上からかけます。削り節やお好みでブロッコリースプラウトをのせて完成です

コメント　小さめの新玉ねぎを丸ごと煮込んで鶏ひき肉と椎茸のあんかけ風のおみそ汁。加熱するとトロトロになる甘みのある品種の玉ねぎとあんかけでごちそう感アップ

ちまき入り中華豚汁

5/5 こどもの日のアレンジ超絶うま豚汁

材料

- 豚バラ肉…約170g
- たけのこ（水煮）…120～140g
- 人参…4cm
- 干し椎茸…3個
  （戻し汁約200mℓ約5時間）
- ごぼう…1/3本
- ニラ…3束　● 生姜…適宜
- 生きくらげ…約15～20g
- ごま油…大さじ2
- ちまき…2個
- 赤みそ

作り方

❶水に浸して戻しておいた干し椎茸をしぼってカットします（戻し汁も後で使います）
❷ごぼう、人参は小さめの乱切り、たけのこは小さめのさいの目切りに、先端は飾り用にカッコよくカット、ニラは2.5cmに、生姜はスライスしておきます
❸ごま油でニラ以外の野菜と干し椎茸ときくらげを炒め、後から豚肉をサッと炒めます
❹水約600～700mℓ入れ沸騰したらアクを取り、干し椎茸の戻し汁と酒を加え7～8分煮ます
❺4等分にカットしたちまきを入れ2分したらニラを入れおみそを溶き入れて火を止めて完成

コメント **端午の節句には『ちまき』新潟ではもち米で作られて笹に包まれた三角形。中華ちまきの味わいをイメージして中華風の豚汁に入れて超絶おいしい一杯**

鶏肉と溶き卵の親子 おみそ汁

材料

- 鶏肉…120～150g　● 片栗粉…大さじ2　● 卵…1個
- 三つ葉…適宜　● お出汁パック　● お好みのおみそ

作り方

❶鶏肉の皮はお好みですが取り除きひと口大にカットして軽く片栗粉をまぶします
❷お出汁が沸騰したら鶏肉を入れ少し火を弱めて約10分くらい煮ます
❸溶き卵を入れる前に火力を強めてグラグラ沸騰状態にして箸に伝わせて細くできるだけ鍋ふちを目掛けて大きく回し入れるように溶き卵を入れます
❹すぐに火を弱めておみそを溶き入れて、2.5cmにカットした三つ葉を入れます
❺お玉で大きく1～2回全体をなじませるように混ぜて火を止めて完成です

コメント **こどもの日の翌日は『親子の日』(勝手に命名!!)。鶏肉と卵で親子でおいしいおみそ汁**

なめこともずくと三つ葉のおみそ汁

材料

- なめこ…1袋
- 洗いもずく…約100g
- 三つ葉…適宜
- お出汁パック
- 赤みそ

作り方

❶お出汁が沸騰したらなめこを入れて3分程煮ます
❷洗いもずくを入れて再び沸いたらカットした三つ葉を入れて火を止めます
❸おみそを溶き入れて完成です

コメント **なめこともずくのとろみのあるおつゆがスルスルと食べやすく三つ葉の風味がアクセントで上品に仕上がる一杯**

イチゴとバームクーヘンのデザートおみそ汁

材料

- いちご…4個（約70g）
- 牛乳…200mℓ
- はちみつ…大さじ1
- 白みそ…大さじ1
- バームクーヘン
- 飾り用いちご…2〜3個くらい
- ミントの葉…適宜

作り方

❶いちご、冷たい牛乳、はちみつ、おみそをブレンダーやミキサーなどで混ぜます
❷バームクーヘンはひと口大にカットして器に入れ①をかけます
❸お好みで飾り付けでさいの目にカットしたいちご、バームクーヘン、ミントの葉などをのせて完成です

コメント　**究極のチャレンジおみそ汁。おみそ汁はデザートになるのか?!　アリかナシかはあなた次第。いちごとミルクとはちみつのほんのり甘みにほのかなおみそのコクが意外と合う**

春キャベツとえのき茸と油揚げのおみそ汁

材料

- 春キャベツ…2枚
- 油揚げ…1枚
- えのき茸…1/2株
- お出汁パック
- 白みそ

作り方

❶鍋に水とお出汁パックとえのき茸を入れて3〜4分煮ます
❷カットした油揚げを入れ1〜2分煮ます
❸ざく切りにしたキャベツを入れて1分煮て火を止めて、おみそを溶き入れて完成です

コメント　**春キャベツの甘みやおいしさを引き出すシンプルな組み合わせ。えのき茸の旨みと油揚げのコクと優しい風味の米こうじみそがナイスアシスト**

輪切りエリンギと小松菜とわかめのおみそ汁

材料

- エリンギ…小2本
- 小松菜…2束
- 乾燥わかめ…2g
- お出汁パック
- お好みのおみそ

作り方

❶エリンギの傘の部分約3.5cmくらい普通にカットして手で縦に割きます。軸の部分は輪切りにしておきます
❷鍋に水とお出汁パックとエリンギを入れて約3〜4分煮ます
❸乾燥わかめとカットした小松菜を入れます
❹ひと煮立ちしたら火を止めておみそを溶き入れて完成です

コメント **エリンギの軸を輪切りにするとクニョっと柔らかくて、つるつるの舌触りで断面から旨みが出るのかおいしく感じます。見た目も丸くてかわいい〜!!**

なめことお豆腐と長ねぎのおみそ汁

材料

- なめこ…1袋
- お豆腐…200g
- 長ねぎ…適宜
- お出汁パック
- 赤みそ

作り方

❶お出汁が沸騰したらなめこを入れて3分程煮ます
❷お豆腐を入れてひと煮立ちしたらおみそを溶き入れます
❸盛り付けたら長ねぎをのせて完成です

コメント **なめこの定番中の定番のおみそ汁。小口切りにして薬味としてのせた長ねぎの風味がGOOD!**

もやしとしめじと油揚げのおみそ汁

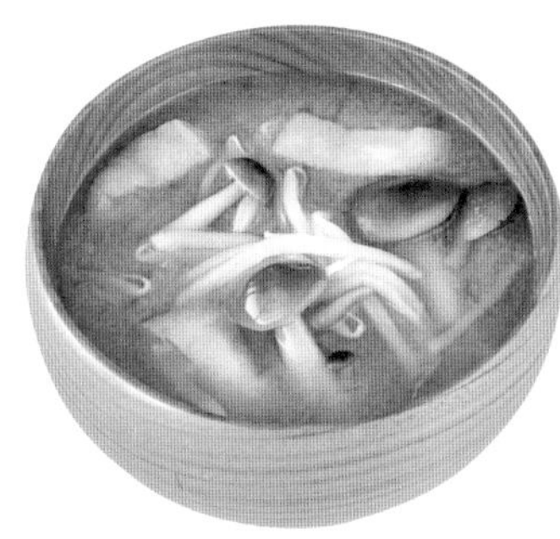

材料

- もやし…1/3袋分
- しめじ…1/2株
- 油揚げ…1枚
- お出汁パック
- お好みのおみそ

作り方

❶鍋に水とお出汁パックとしめじを入れて3分程煮ます
❷カットした油揚げを入れて2分程煮ます
❸下茹でしたもやしを入れひと煮立ちしたら火を止めておみそを溶き入れて完成です

コメント **もやしはサッと下茹でするると臭みが気にならなくなります。ナムル用を少しおみそ汁に入れてしめじと油揚げのシンプル具材で**

ズッキーニの胡麻だれそうめん風おみそ汁

材料

- ズッキーニ（小～中サイズ）…1本
- ねりごま…大さじ1
- 大葉・みょうが・すりごま…適宜
- お出汁パック
- 赤みそ

作り方

❶スライサーでズッキーニを細いせん切りにします
❷お出汁が沸騰したらズッキーニを入れてひと煮立ちしたら火を止めます
❸おみそとねりごまを溶き入れます
❹盛り付けたら大葉、みょうがをのせて、お好みですりごまをかけて完成です。暑い日には冷製でも

コメント **ズッキーニをスライサーで細切りにしてそうめん風のヘルシー麺。ねりごまを入れておみそ汁がまったりとコクのあるごまだれみたいな仕上がり**

桜えびと玉ねぎと三つ葉のかき揚げ入りおみそ汁

かき揚げでおかずになる一杯

材料

★かき揚げの材料
- 素干し桜えび…1袋（9g）
- 玉ねぎ…中1個
- 水…約100mℓ
- 三つ葉…適宜
- 小麦粉…大さじ5
- 片栗粉…大さじ2

★おみそ汁
- お出汁パック
- 赤みそ

作り方

❶お出汁が沸騰したらおみそを溶き入れて火を止めます
❷かき揚げの入れ方いろいろ
A.おつゆがしみこむふわふわ柔らかい派はできたおみそ汁の鍋に1〜2分浸します。
B.余ったかき揚げの場合レンチンで温めてあったかいおみそ汁のお椀にのせて。
C.かき揚げが冷たいままお椀に入れて熱々のおみそ汁を上からかけても。
D.揚げたてかき揚げを天つゆみたいにおみそ汁につけて。お好みでどうぞ

コメント　**手作りのかき揚げの余りも、お惣菜でも。おみそ汁に入れて食べ方もいろいろ**

鶏ささみとえのき茸とそら豆のおみそ汁

材料

- 鶏ささみ…2本
- 片栗粉…大さじ1.5
- えのき茸…1/2株
- 生姜…適宜
- そら豆（塩ゆで済）…適宜
- お好みのおみそ

作り方

❶鶏ささみをそぎ切りにして片栗粉をまぶしておきます
❷えのき茸とスライス生姜を水から煮ます
❸沸騰したらささみを入れて一旦火を止めて、そのまま約8分放置して余熱で火を入れます（ささみの厚さにより時間は調整してください）
❹再び火を入れて沸いたらアクがあれば取って火を止めておみそを溶き入れます
❺盛り付けたら塩ゆでして皮をむいたそら豆をのせて完成です

コメント **ささみに片栗粉をまぶして予熱で約8分放置してから仕上げると柔らかくぷるるん食感の鶏ささみがやみつきの一杯**

大根とわかめのおみそ汁

材料

- 大根…5cm
- 乾燥わかめ…2g
- お出汁パック
- お好みのおみそ

作り方

❶鍋に水とお出汁パックとせん切りにした大根を入れ火にかけ沸騰後約5～8分程煮ます
❷大根が柔らかくなったら乾燥わかめを入れ約2分くらい煮ます
❸火を止めておみそを溶き入れて完成です

コメント **なにげない、頑張りすぎない、飾らない。ありのままの普段着みたいな落ち着く一杯**

新じゃがと椎茸と切り干し大根のおみそ汁

ちゃんとお出汁をとってみた！
旨みのハーモニーが最強

材料

- 新じゃが…小4個
- 椎茸…小3個
- 切り干し大根…10〜15g
- 煮干し…5本
- 昆布約…8g
- かつお節　15g
- 赤みそ

作り方

❶自家製お出汁の取り方

1. 約800〜900mℓの水に昆布と頭とはらわたを取った煮干しを約30分以上浸します（冷蔵庫でひと晩おいてもOK）
2. 中火で火にかけ沸騰前に昆布を取り出し、沸騰したら煮干しを2〜3分程煮て取り出します
3. かつお節を入れて1分で火を止めて3分程置いてザルなどで濾します

❷おみそ汁はお出汁に皮付きの新じゃが、椎茸、サッと流してカットした切り干し大根を煮て新じゃがが柔らかくなったらおみそを約大さじ2.5〜3溶き入れて完成です。分量は調整してください

コメント **煮込んだ新じゃがからも椎茸からも切り干し大根からもいいお出汁がでて旨みの大合唱。1年以上天然で熟成された色も風味も濃厚なおみそがよく合います**

5月

玉ねぎと小松菜とわかめのおみそ汁

材料

- 玉ねぎ…1/2個
- 小松菜…2束
- 乾燥わかめ…2g
- お出汁パック
- 白みそ

作り方

❶鍋に水とお出汁パックとスライスした玉ねぎを入れて沸騰したら4〜5分煮ます
❷乾燥わかめとカットした小松菜を入れ沸いたら1〜2分煮ます
❸火を止めておみそを溶き入れて完成です

コメント **シンプルで定番の具材　玉ねぎの甘みと米こうじの優しい甘みが相性◎
モリモリ食べる一杯です**

ケールと新ごぼうの豚汁

材料

- ケールの葉…3〜4枚くらい
- 新ごぼう…1/3本
- 豚肉…80g
- お出汁パック
- お好みのおみそ

作り方

❶ささがきの新ごぼうとお出汁パックを水から約5分程煮ます
❷豚肉を広げて入れてアクを取りながら3〜4分程煮ます
❸ざく切りにしたケールを入れて沸騰したら1〜2分煮ます
❹火を止めておみそを溶き入れて完成です

コメント **地元農家さんの直売所で見かけたケールを新ごぼうと豚肉に合わせておみそ汁に入れてみました。
シンプルな具材なので豚肉を少な目にしてお出汁パックを使いました**

とろろ昆布と桜えび オートミールのみそ雑炊

オートミール時短レシピ
和の旨み食材のみそ雑炊

材料

- オートミール…80g
- 水…500mℓ
- とろろ昆布…約2g
- 桜えび…2g
- 削り節…2g
- お好みのおみそ…大さじ1.5〜2

作り方

❶水とオートミールを鍋に入れ火にかけます
❷沸騰したら火を弱めとろろ昆布と桜えびと削り節を入れ約1〜3分を目安にお好みのやわらかさになるまで煮ておみそを溶いて火を止めます
❸盛り付けたらさらに上にとろろ昆布、桜えび、削り節（分量外お好みで）、お好みで小ねぎ、三つ葉など乗せて完成です

コメント　オートミールを使ったみそ雑炊はごはんで作る雑炊より簡単で時短メニュー
ヘルシーでお腹に優しいおいしさの一杯

5月

ほうれん草と白舞茸とみょうがのおみそ汁

材料

- ほうれん草…2束分（下茹で済）
- 白舞茸…1パック（約100g）
- みょうが…1個
- お出汁パック
- お好みのおみそ

作り方

❶鍋に水とお出汁パックと白舞茸を入れて約4〜5分煮ます
❷下茹でしてカットしたほうれん草を入れてひと煮立ちしたら火を止めます
❸おみそを溶き入れて盛り付けたら縦半分にカットして小口切りにしたみょうがをのせて完成です

コメント　**白舞茸とほうれん草とみょうがで彩りよく仕上がります。さっぱりさわやかなみょうががきいているさわやかな風味の一杯です**

ザワークラウトともずくのおみそ汁

材料

- 洗いもずく…約100g（そのまま生食用）
- ザワークラウト…約40〜50g（お好みで）
- お出汁パック
- 赤みそ

作り方

❶お出汁が沸騰したらもずくを入れてひと煮たちさせます
❷火を止めておみそを溶き入れます
❸盛り付けたらザワークラウトをお好みの量のせて完成です

コメント　**ドイツでソーセージに添えている発酵食品ザワークラウト。酢は不使用なのに発酵で酸っぱいキャベツの漬け物みたい。さっぱりおいしいので発酵食品つながりでおみそ汁にON**

細切り野菜の豚汁

手軽にできる食べやすい豚汁

材料

- 大根…約120g
- 人参…約20g
- えのき茸…1/2株
- 豚肉…約100～120g
- 赤みそ

作り方

❶カットしたえのき茸と豚肉を水600mℓで煮て沸騰したら2～3分アクを取りながら煮ます
❷スライサーで細切りにした大根と人参を入れます
❸再び沸騰したら火を止めて、おみそを溶き入れて完成です

スライサーで細切りカットの大根と人参で煮込まなくてもちゃんと豚汁の味わいに。えのきの旨みもポイント。時短で食べやすい一杯

新じゃがと油揚げとわかめのおみそ汁

材料

- 新じゃが（小）…4個
- 油揚げ…1枚
- 乾燥わかめ…2g
- お出汁パック
- お好みのおみそ

作り方

❶新じゃがをよく洗って皮付きのまま十文字に4等分にカットします
❷鍋に水とお出汁パックと新じゃがを入れて沸騰したら約5〜8分程煮ます
❸新じゃがに火が通ったらカットした油揚げとわかめを入れて2〜3分程煮ます
❹火を止めておみそを溶き入れて完成です

コメント **定番の油揚げとわかめにコロコロ小粒の新じゃがを組み合わせました。おなじみの味わいでも皮付きの新じゃがでちょっと季節感をプラス**

おかひじきとレタスのおみそ汁

材料

- おかひじき…1パック
- レタス…約3枚
- お出汁パック
- 白みそ

作り方

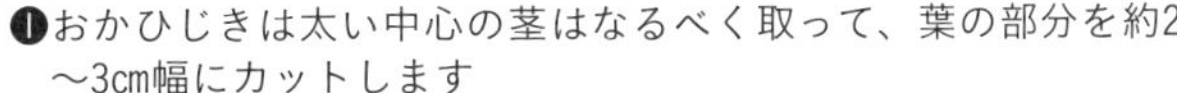

❶おかひじきは太い中心の茎はなるべく取って、葉の部分を約2〜3cm幅にカットします
❷お出汁が沸騰したらおかひじきを入れます
❸再び沸騰したら手でちぎったレタスを入れます
❹おみそを溶き入れて火を止めて完成です

コメント **煮込まないサッと入れるだけの時短具材でシャキっと食感同士の組み合わせあっさりさっぱり鮮やかな色合いの一杯**

ごま油で炒めた大根菜としめじのおみそ汁

材料

- 大根菜…約1/3束分
- しめじ…1/2株
- ごま油…大さじ2
- いりごま…適宜
- お出汁パック
- 赤みそ

作り方

❶しめじとカットした大根菜をごま油で炒めます
❷水とお出汁パックを煮出して①に入れて煮ます
❸沸騰したら火を止めておみそを溶き入れます
❹盛り付けたらお好みでいりごまをかけて完成です

コメント みずみずしい大根菜をごま油で炒めた煮浸しみたいなおみそ汁

スライスチーズとレタスと青のりのおみそ汁

材料

- レタス…2〜3枚
- スライスチーズ（チェダーチーズなどもお好みで）…適宜
- 青のり…お好みで適宜
- お出汁パック
- お好みのおみそ

作り方

❶お出汁が沸騰したら手でちぎったレタスを入れます
❷再び沸いたらおみそを溶き入れます
❸盛り付けたら4等分にカットしたスライスチーズをお好みの分量のせて青のりをかけて完成です

コメント スライスチーズが1枚だけ余ることがあるとおみそ汁にのせて使い切り。後のせでもほどよく溶けてレタスに絡めて意外と合います

シーフードのスープカレー風おみそ汁

カレー風味がおいしい
ごちそうの一杯

材料

- シーフードミックス…150g
- マッシュルーム…4個
- 玉ねぎ…1個
- にんにく…1片
- オリーブオイル
- ブロッコリー（下茹で済）…適宜
- カレー粉…大さじ2
- 鶏ガラ顆粒だし…大さじ1
- 赤みそ
- あらびき黒こしょう

作り方

❶シーフードミックスは塩水で解凍（水200mℓ塩小さじ1）30分～1時間　水を切ります
❷みじん切りの玉ねぎとにんにくをオリーブオイルで炒めます
❸スライスしたマッシュルームと解凍したシーフードミックスとカレー粉を入れサッと炒めたら水を600mℓと鶏ガラ顆粒だしを入れて火にかけて、沸騰したら少し火を弱めて約4～5分煮ます
❹下茹でしたブロッコリーを入れて、おみそを大さじ2くらい溶き入れ、火を止めて完成です
お好みであらびき黒こしょうをかけて辛みのアクセントに

コメント **シーフードミックスでカレー風味のみそスープ系のおみそ汁。玉ねぎの甘みとにんにくをおみそがしっかりまとめる和風ごちそうスープカレー**

じゃがいもと小松菜と舞茸のおみそ汁

材料

- じゃがいも…中2個
- 舞茸…1パック
- 小松菜…2束
- お出汁パック
- 赤みそ

作り方

❶鍋に水とカットしたじゃがいもと舞茸とお出汁パックを入れて沸騰してから5〜6分煮ます
❷じゃがいもが柔らかくなったらカットした小松菜を入れます
❸再び沸いて2分程で火を止めておみそを溶き入れて完成です

コメント
舞茸とじゃがいもの旨みがかつおと昆布だしにプラスされると思わず「うま〜っ」って叫びたくなるような旨みに

キャベツと玉ねぎのおみそ汁

材料

- キャベツ…3枚
- 玉ねぎ…1/2個
- お出汁パック
- お好みのおみそ

作り方

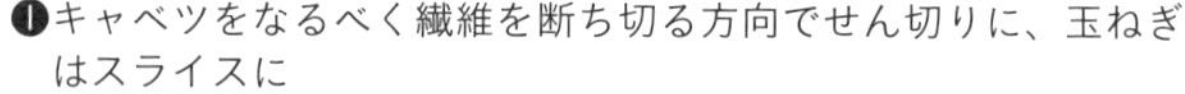
❶キャベツをなるべく繊維を断ち切る方向でせん切りに、玉ねぎはスライスに
❷お出汁が沸騰したら玉ねぎを入れ、再び沸いたら火を弱め約2分煮ます
❸キャベツを入れ再び沸いたらおみそを溶き入れて火を止めて完成です

コメント
キャベツと玉ねぎのシンプルなお野菜モリモリ食べられる一杯。見えているキャベツは氷山の一角

きのこづくしニラと豆板醤のおみそ汁

5月

いろいろなきのこを堪能
ピリ辛で、もはやコレはおかず！

材料

- しめじ、椎茸、えのき茸、舞茸…合わせて約300g
- ニラ…3束
- ごま油…大さじ2
- 豆板醤…小さじ1〜2(お好みで)
- 赤みそ

作り方

❶きのこをごま油で炒め豆板醤を絡めてサッと炒めたら水を600mℓ入れて沸騰したら4〜5分煮ます
❷カットしたニラを入れおみそを溶き入れたら完成です。生姜など入れて辛みのアクセントにも

コメント　たっぷりきのこにニラと豆板醤のピリ辛なパンチのあるおみそ汁。きのこだけでもボリュームのあるおかずになる一杯

生わかめと木綿豆腐とみょうがのおみそ汁

材料

- 生わかめ…15〜20g
- 木綿豆腐…200g
- みょうが…1個
- お出汁パック
- お好みのおみそ

作り方

❶お出汁が沸騰したらカットした木綿豆腐とわかめを入れます
❷2分程煮たら火を止めておみそを溶き入れます
❸盛り付けたらみょうがをのせて完成です

コメント **シンプルな組み合わせ。
みょうがの風味が初夏の装いをイメージできる一杯**

長芋としめじと三つ葉のおみそ汁

材料

- 長芋…約5cm
- しめじ…1/2株
- 三つ葉…適宜
- お出汁パック
- お好みのおみそ

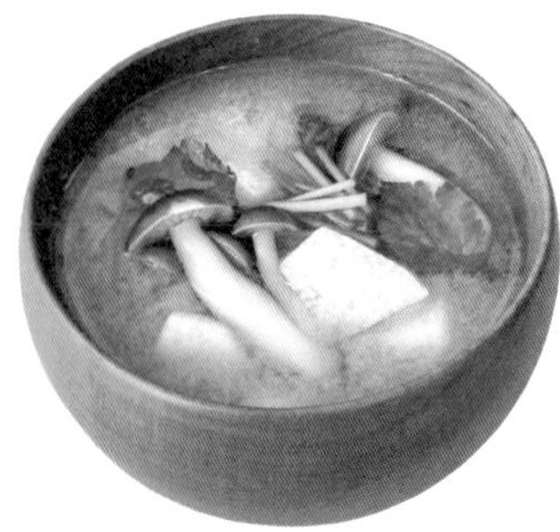

作り方

❶鍋に水とお出汁パックとしめじを入れて沸騰したら4〜5分煮ます
❷カットした長芋を入れたら火を止めておみそを溶き入れます
❸盛り付けたら三つ葉をのせて完成です

コメント **長芋は煮込まずにシャクシャクの食感を残して。
三つ葉としめじの風味が旨みに奥行きのある一杯**

はんぺん豆腐だんごとほうれん草のおみそ汁

青のり入りのふわふわなおだんごが最高！

材料

- 木綿豆腐…150g
- はんぺん（大）…1袋
- 青のり…約大さじ1
- 塩麹…大さじ1/2 または塩少々
- 片栗粉…大さじ3〜3.5
- ほうれん草（下茹で済）…2〜3束
- お出汁パック
- お好みのおみそ

作り方

❶ふわふわはんぺん豆腐だんごを作ります。木綿豆腐の表面の水分をキッチンペーパーで包んで手で軽く挟んで水切り完了。しっかり水切りしなくても片栗粉の分量で調整できます。ボールに木綿豆腐、はんぺん、片栗粉、青のり、塩麹または塩（入れなくてもはんぺんの味だけでもOK）を手で混ぜ（簡単になじんでまとまります）ひと口大に丸めておきます。多くできるので半分はフライパンでミニバーグにしてもGood

❷お出汁が沸騰したらはんぺん豆腐だんごを入れます。コロコロ浮かんできたら火が入った証です

❸下茹でしたほうれん草を入れて再び沸いたら火を止めておみそを溶き入れて完成です

コメント **はんぺんと木綿豆腐と片栗粉を混ぜて丸めておみそ汁に入れた ふわっふわでヘルシーなおだんごは、リピしたくなるオモシロ具材の一杯**

ツナ缶と大根と生姜のおみそ汁

材料

- 大根（スライサーせん切りで）…約150g
- ツナ缶…1缶
- 生姜・黒こしょう…適宜
- お出汁パック
- 赤みそ

作り方

❶お出汁が沸騰したら、スライサーで細くせん切りにした大根を入れます
❷ツナ缶はお好みですができるだけオイルを入れずに半分は鍋に入れ半分は盛り付け用に取っておきます
❸再び沸騰したら火を止めておみそを溶き入れます
❹盛り付けたら、ツナとせん切り生姜をのせて黒こしょうをかけて完成です

コメント **ツナとせん切りの大根が絡んで、あったか大根サラダ風にモリモリ食べられます。
生姜と黒こしょうで身体の中からポカポカ温活で季節の変わり目の体調を崩しやすい季節にぴったり**

なめこともずくとオクラのおみそ汁

材料

- なめこ…1袋
- 洗いもずく…80g
- オクラ…2本（下茹で済）
- お出汁パック
- お好みのおみそ

作り方

❶お出汁が沸騰したらなめこを入れ、約3～4分煮ます
❷もずくを入れひと煮立ちしたら火を止めおみそを溶き入れます
❸盛り付けたら小口切りにしたオクラをのせて完成です

コメント **ネバネバ三銃士。
これから夏に向けネバネバ食材のおみそ汁で体調を整えたいですね**

白菜としめじと小松菜のおみそ汁

材料

- 白菜…2枚
- 小松菜…2束
- しめじ…1/2株
- お出汁パック
- お好みのおみそ

作り方

❶鍋に水とお出汁パックとしめじを入れ沸騰したら4〜5分煮ます
❷カットした白菜の白い芯の部分を入れて1〜2分煮て、白菜の葉を入れて約1分、小松菜の茎を入れて約1分、小松菜の葉を入れてひと煮立ちしたら火を止めます
❸おみそを溶き入れて完成です

コメント 白菜や小松菜の芯や茎と葉の部分を少し時間差で鍋に入れると煮え方や色合いの仕上がりが良くなりますが、一気に入れてもおみそ汁は受け止めてくれますね

海苔とレタスのおみそ汁

材料

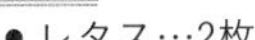

- レタス…2枚
- 刻みのり…適宜
- お出汁パック
- お好みのおみそ

作り方

❶お出汁が沸騰したら手でちぎったレタスを入れて火を止めます
❷おみそを溶き入れます
❸盛り付けたらきざみ海苔をお好みの量のせて完成です

コメント うわぁ〜もうこんな時間!! そんな日にもおみそ汁。
レタスを手でちぎって、きざみ海苔をのせただけでもちゃ〜んとおみそ汁になります

なすとズッキーニと生姜大根おろしのおみそ汁

材料

- 長なす…2本　● ズッキーニ…1/2本
- 大根おろし…約80～100g　● おろし生姜…大さじ1
- オリーブオイル…大さじ2
- お出汁パック　● 赤みそ

作り方

❶なすとズッキーニを約1cmの厚さで輪切りにして、オリーブオイルで焼き色がつくくらい焼き付けたら水とお出汁パックを入れて煮ます
❷沸騰したら5分程煮てやわらかく煮えたら火を止めておみそを溶き入れます
❸盛り付けはお椀の真ん中になすとズッキーニを入れ、周りにも交互にかわいく並べて真ん中に大根おろしとおろし生姜をのせて完成です

6月

コメント **なすとズッキーニを輪切りにしてオリーブオイルで焼き付けてからおみそ汁にして大根おろしとおろし生姜でさっぱり食べられる。初夏の蒸し暑い日にぴったり**

長芋とわかめとみょうがのおみそ汁

材料

- 長芋…約5cmくらい
- 乾燥わかめ…2g
- みょうが…1個
- お出汁パック
- お好みのおみそ

作り方

❶お出汁が沸騰したらわかめを入れて2分程で薄くカットした長芋を入れます
❷火を止めておみそを溶き入れます
❸盛り付けたらみょうがをのせて完成です

コメント **薄めに切った長芋とみょうがの風味がぴったり。**
体調を崩しやすいこの時期にあったかいおみそ汁で重だるさを吹き飛ばしましょー!!

小松菜と人参と油揚げのおみそ汁

材料

- 小松菜…2束
- 人参…1/3本
- 油揚げ…1枚
- お出汁パック
- お好みのおみそ

作り方

❶鍋に水とお出汁パックと細めの短冊切りにした人参を入れて中火で煮ます
❷沸騰したら少し火を弱めカットした油揚げも入れ5分程煮ます
❸カットした小松菜を入れて再び中火で2〜3分煮たら火を止めておみそを溶き入れて完成です

コメント 新生姜のみそ焼きおにぎりに合わせて
さっぱりあっさり系の緑黄色野菜の一杯

えのき茸と長ねぎと厚揚げのおみそ汁

材料

- えのき茸…1/2株
- 厚揚げ…120～140g
- 長ねぎ…1/3本
- お出汁パック
- お好みのおみそ

作り方

❶鍋に水とお出汁パックとえのき茸を入れて沸騰したら3～4分煮ます
❷薄めにカットした厚揚げを入れて2～3分煮ます
❸カットした長ねぎを入れて火を止めておみそを溶き入れて完成です

コメント 厚揚げを薄めにカットして長ねぎの青い部分も斜めに薄くカットして
えのき茸もみんな一緒に絡めて食べられる一杯

オクラとしめじと玉ねぎのおみそ汁

材料

- 玉ねぎ…1/2個
- しめじ…1/2株
- オクラ…3本
- お出汁パック
- お好みのおみそ

作り方

❶鍋に水とお出汁パックとしめじとくし切りの玉ねぎを入れ沸騰したら4～5分煮ます
❷斜めにカットしたオクラを入れ1～2分でパッと鮮やかなグリーンになったら火を止めて、おみそを溶き入れて完成です

コメント オクラは下茹でしないで斜め切りで鍋に入れてサッと火を通します。
玉ねぎの優しい甘みとしめじの旨みがいい感じの一杯

オーツミルクのベジチャウダー風おみそ汁

食物繊維たっぷりのヘルシーおみそ汁

材料

- 玉ねぎ…1個
- 人参…1/2本
- 椎茸…2個
- さつまいも…1/2本
- いんげん…3本（下茹で済み）
- オーツミルク…300〜400mℓ
- 鶏ガラ顆粒だし…小さじ2（味覇ヴィーガンなどお好みで）
- あわせみそ

作り方

❶いんげん以外の具材をさいの目切りにして水500mℓでフタをして煮ます
❷約15〜20分くらいで、さつまいもが煮えたら（水分もかなり少なくなっています）下茹でしてカットしたいんげんを入れ、鶏ガラ顆粒だしを入れおみそを大さじ1.5〜2溶き入れます。水分がなくなってもまだ煮えないようでしたら水100mℓ程加えて煮てください
❸オーツミルクを300〜400mℓを目安に味を見ながら入れて火にかけて沸騰させないように温めたら火を止めて完成です

コメント **オーツ麦から作られたオーツミルクは牛乳が苦手な方にもおススメ。ナチュラルな甘みと玉ねぎとさつまいもの甘みとおみそがよく合います**

お豆腐とわかめと絹さやのおみそ汁

材料

- 絹ごし豆腐…200g
- 乾燥わかめ…2g
- 絹さや（下茹で済）…適宜
- お出汁パック
- お好みのおみそ

作り方

❶お出汁が沸騰したらわかめを入れて1～2分でカットしたお豆腐を入れます
❷再び沸いたら下茹でした絹さやを入れ火を止めます
❸おみそを溶き入れて完成です

コメント　お豆腐とわかめの定番のおみそ汁に絹さやを入れて。
ジメジメ梅雨時やこれからの暑い夏にむけて温かいおみそ汁で乗り切りましょう!!

あさりのおみそ汁

材料

- あさり（砂出しをして冷凍保存）…約180～200g
- 昆布…約5～6gくらい
- 小ねぎ…適宜
- あわせみそ

作り方

❶昆布を約600mℓの水に浸して冷蔵庫でひと晩おいておきます
❷砂出しをして冷凍保存していたあさりの表面をサッと水で洗って、①の水と昆布を鍋に入れあさりを入れたら火を点けて、アクを取りながらゆっくり火にかけます
❸沸騰前に昆布を取り出します
❹あさりの口が開いたらおみそを溶き入れます
❺盛り付けたら小ねぎをのせて完成です

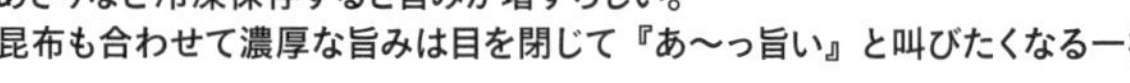
あさりなど冷凍保存すると旨みが増すらしい。
昆布も合わせて濃厚な旨みは目を閉じて『あ～っ旨い』と叫びたくなる一杯

にんにくたっぷり豆乳スタミナ豚汁

お父さんのための元気おみそ汁

材料

- 豚肉…200〜220g
- にんにく…2片
- 人参…1/2本
- しめじ…1/2株
- 玉ねぎ…1個
- インゲン…3本（下茹で済）
- オリーブオイル…大さじ2
- 豆乳…150〜200mℓ
- 鶏ガラ顆粒だし…大さじ1
- あわせみそ

作り方

❶オリーブオイルでスライスしたにんにく1片分を炒めにんにくチップを作って取り出します（盛り付け用）
❷このガーリックオイルにさらにもう1片のスライスしたにんにくと人参、しめじ、玉ねぎを炒めます
❸水500mℓ入れたら豚肉を広げて入れ、沸騰したらアクを取りながら約10〜15分程煮ます
❹下茹でしてカットしたいんげんを入れ、鶏ガラ顆粒だしを入れおみそを溶き入れて豆乳を味をみながら加え、沸騰しないように温めて火を止めます
❺盛り付けたらにんにくチップをのせて完成です

コメント **父の日（6月第3日曜）の、豆（マメ）な乳（チチ）のためのスタミナ豆乳豚汁です。にんにくチップものせて元気モリモリ。マメな父も、マメでない父も、丸めな父にも感謝を込めて**

お豆腐と三つ葉のおみそ汁

材料

- 絹ごし豆腐…約180〜200g
- 三つ葉…適宜
- お出汁パック
- お好みのおみそ

作り方

❶お出汁が沸騰したらカットしたお豆腐を入れます
❷再び沸き始めたらカットした三つ葉を入れて火を止めておみそを溶き入れて完成です

コメント シンプルでさっぱりとした、おみそ汁らしい定番の一杯

めかぶ納豆のせキャベツのおみそ汁

材料

- キャベツ…2枚
- めかぶ…1パック
- 納豆…1パック
- お出汁パック
- お好みのおみそ

作り方

❶お出汁が沸騰したらせん切りのキャベツを入れます
❷再び沸いたら火を止めておみそを溶き入れます
❸盛り付けたらめかぶと納豆を混ぜて上に乗せて完成です

コメント めかぶと納豆を混ぜてキャベツのおみそ汁にのっけて
ネバネバとろみがプラスされた食べやすい一杯

とうもろこしとほうれん草と新じゃがバターのおみそ汁

バターに合う！新発見の一杯

材料

- 新じゃが…小3〜4個
- とうもろこし…1/2本（下茹で済）
- ほうれん草…3束（下茹で済）
- バター…約5〜8g
- お出汁パック
- あわせみそ

作り方

❶鍋に水とお出汁パックとカットした新じゃがを入れて沸騰したら少し火を弱め7〜8分煮ます
❷じゃがいもに火が通ったらカットしたほうれん草を入れ火を止めておみそを溶き入れます
❸盛り付けたら芯からカットしたとうもろこしとバターをのせて完成です

コメント **とうもろこしも新じゃがもほうれん草もおみそもバターとの相性バツグン！北海道の味覚フェアみたいな一杯**

アスパラと桜えびのおみそ汁

材料

- アスパラ…3〜4本（下茹で済）
- 桜えび（素干し）…約4〜5g
- お好みのおみそ

作り方

❶桜えびはくっつかない鍋で2〜3分程から炒りします
❷ふわ〜っとえびの香ばしい香りがしたら水を500㎖入れて沸騰したら2〜3分煮ます
❸カットしたアスパラを入れて火を止め、おみそ約大さじ2を溶き入れて完成です

6月

コメント　から炒りで桜えびの香ばしい香りと旨みが凝縮されていいお出汁に。
すごいぞ!!　桜えび出汁

空心菜とちくわのおみそ汁

材料

- 空心菜…3束
- ちくわ…3本
- お出汁パック
- お好みのおみそ

作り方

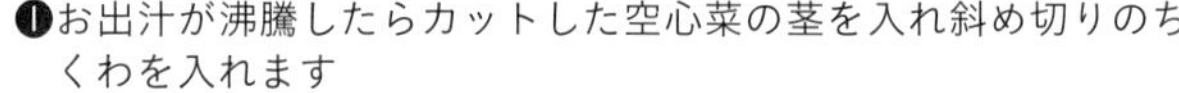

❶お出汁が沸騰したらカットした空心菜の茎を入れ斜め切りのちくわを入れます
❷空心菜の葉を入れてひと煮立ちしたら火を止めておみそを溶き入れて完成です

コメント　ストローみたいな茎の空心菜。わずかにヌメリのある葉っぱでシャキシャキの茎
クセがなくておみそ汁でも使いやすい具材。穴あきつながりでちくわを合わせました

豚肉と玉ねぎとゴーヤのおみそ汁

ゴーヤのホロ苦さと玉ねぎの甘みがマッチしたおいしさ

材料

- 豚肉…120g
- ゴーヤ…1/4本
- 玉ねぎ…1/2個
- お出汁パック
- あわせみそ
- 七味唐辛子…お好みで

作り方

❶ゴーヤは縦に半分に切ってわたと種を取りスライスしてひとつまみの塩（分量外）をまぶして10分くらい置いて緑色の水分を出して軽く水で流します。苦みが和らぎますが、苦みがお好みでしたらそのままお使いください
❷鍋に水とお出汁パックとスライスした玉ねぎを入れて沸騰したら4〜5分煮ます
❸豚肉を広げながら入れて沸騰したらアクを取り、ゴーヤを入れて4〜5分煮ます
❹おみそを溶き入れて火を止めて盛り付けたら七味唐辛子をかけて完成です

コメント **ゴーヤをごま油で炒めないでさっぱり仕上げでおみそ汁にしました。豚肉と七味唐辛子がベストマッチの一杯**

なめこと小松菜とみょうがのおみそ汁

材料

- なめこ…1袋
- 小松菜…2束
- みょうが…1個
- お出汁パック
- お好みのおみそ

作り方

❶お出汁が沸騰したらなめこを入れ、少し火を弱め2〜3分煮ます
❷小松菜の茎を入れ1分程で葉の部分を入れて再び沸いたら火を止めます
❸おみそを溶き入れて盛り付けたらみょうがをのせて完成です

コメント　みょうがの風味と色合いが初夏らしい一杯

干しえびと生姜の中華風豚汁

材料

- 豚肉…約200g　● 桜えび（素干し）…約5g
- もやし…1/2袋（下茹で済）
- 生きくらげ…約2〜30g
- ニラ…5束　● ごま油…大さじ1
- 生姜…1片
- 赤みそ

作り方

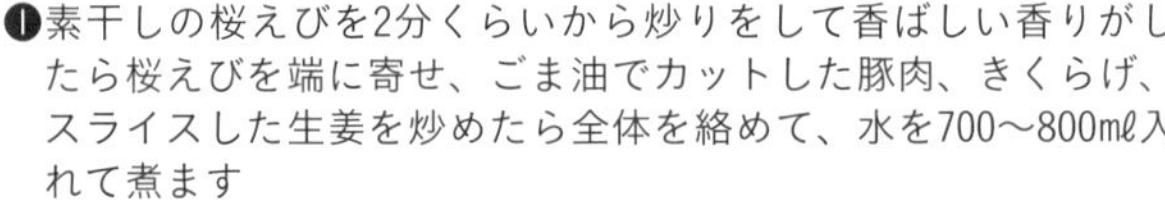
❶素干しの桜えびを2分くらいから炒りをして香ばしい香りがしたら桜えびを端に寄せ、ごま油でカットした豚肉、きくらげ、スライスした生姜を炒めたら全体を絡めて、水を700〜800mℓ入れて煮ます
❷沸騰したらアクを取りながら5分程煮て下茹でしたもやしとカットしたニラを入れ、再び沸いたら火を止めておみそを溶き入れて完成です

コメント　先日の桜えび出汁を豚汁アレンジで中華風に仕上げた一杯

6月

大根とじゃがいもとわかめのおみそ汁

材料

- じゃがいも…中2個
- 大根…約5cm
- 乾燥わかめ…2g
- お出汁パック
- お好みのおみそ

作り方

❶大根は皮をむいて薄い輪切りにしてからせん切りにして少しやわらか仕上げ。じゃがいもも細めにカットして鍋にお出汁パックと水から煮ます

❷沸騰したら少し火を弱めて5分くらい煮てじゃがいもが柔らかくなったらわかめを入れます

❸2分程煮たら火を止めておみそを溶き入れて完成です

コメント　**大根もじゃがいももせん切りにして煮たら早く火が通って定番の具材の組み合わせも切り方で少し表情に変化のある一杯**

長芋と絹さやのおみそ汁

材料

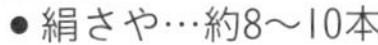

- 絹さや…約8〜10本
- 長芋…約5cm
- お出汁パック
- お好みのおみそ

作り方

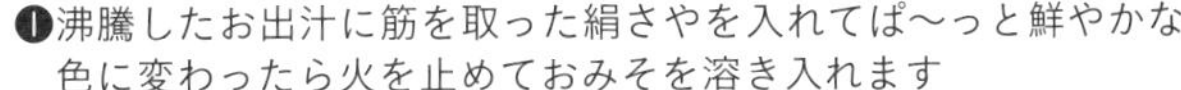

❶沸騰したお出汁に筋を取った絹さやを入れてぱ〜っと鮮やかな色に変わったら火を止めておみそを溶き入れます

❷皮をむいて拍子木切りにした長芋を入れて完成です

コメント　**最後に入れた長芋のシャクシャクのおいしさと絹さやの若々しい風味が初夏にぴったり**

魚介のトマトスープ風おみそ汁

6/27

トマトが効いてる！
ごちそうの一杯

材料

- 玉ねぎ…1個
- バナメイエビ…6尾
- 塩まだら…2切
- トマト…中2個
- ベビーホタテ…6個（生食用）
- にんにく…1片
- オリーブオイル…大さじ1
- 酒…大さじ1
- お好みでイタリアンパセリ
- あわせみそ

作り方

❶バナメイエビの殻をむき尾を取り、背ワタを取って下処理をします
❷みじん切りのにんにくと玉ねぎをオリーブオイルで炒めます
❸えびとひと口大にカットしたたらの表面をサッと炒め酒を入れます
❹皮を湯むきしてさいの目にカットしたトマトを入れ水を600㎖入れて煮ます
❺沸騰したらアクを取りながら7〜8分煮て、後からベビーホタテを入れます
❻おみそを溶き入れ、盛り付けたらお好みでイタリアンパセリを添えて完成です

コメント 魚介とフレッシュトマトでスープ系のごちそうおみそ汁

丸なすとしめじのおみそ汁

材料

- 丸なす…大1個
- しめじ…1/2袋
- お出汁パック
- 赤みそ

作り方

❶鍋に水とお出汁パックとしめじとカットした丸なすを入れて沸騰したら4〜5分くらい煮ます
❷なすに火が通ったらおみそを溶き入れて完成です

コメント 新潟県長岡市の丸なすとしめじのシンプルで夏らしい一杯

キャベツとコーンのおみそ汁

材料

- キャベツ…2枚
- コーン缶（砂糖不使用）…190g
- お出汁パック
- 白みそ

作り方

❶お出汁が沸騰したらせん切りキャベツを入れます
❷コーンの缶詰を汁ごと入れます
❸再び沸いたらおみそを溶き入れて完成です

コメント キャベツもコーンもおみそもトリプルの甘みがたまらない一杯

わかめとお豆腐と玉ねぎのおみそ汁

材料

- 乾燥わかめ…2g
- 絹ごし豆腐…200g
- 玉ねぎ…1/2個
- お出汁パック
- お好みのおみそ

作り方

❶お出汁が沸騰したらわかめを入れます
❷スライスした玉ねぎを入れ再び沸いたらカットしたお豆腐を入れます
❸おみそを溶き入れて火を止めて完成です

コメント　映えなくて地味ですが落ち着く定番の一杯。
今日は玉ねぎは後からサッと煮てシャキっと仕上げました

水菜と油揚げのおみそ汁

材料

- 水菜…1束
- 油揚げ…1枚
- お出汁パック
- お好みのおみそ

作り方

❶お出汁が沸騰したらカットした油揚げを入れ約2分煮ます
❷カットした水菜を入れて再び沸いたら火を止めておみそを溶き入れて完成です

コメント　リーズナブル食材の水菜と油揚げで
簡単であっさりの一杯

夏野菜の無水 トマト豚汁

材料

- 豚肉…約180〜200g
- トマト…大2個
- パプリカ（赤・黄）…各1個
- 長なす…2本
- ズッキーニ（小）…1本
- 椎茸…2個
- 玉ねぎ…1個
- にんにく…1片
- オリーブオイル…大さじ2
- 赤みそ

作り方

❶ひと口大にカットした豚肉をオリーブオイルとにんにくで炒め、トマト以外の野菜と椎茸をカットして炒めます
❷トマトは皮ごとブレンダーやミキサーにかけ①に加えてフタをして煮ます
❸約10分程煮てなすなど具材に火が通ったらおみそ大さじ1.5を目安に溶き入れて完成です
※焦げないようにお気をつけください。煮込む時間やおみその分量は調整してください。
お好みで盛り付けたら粉チーズをかけるとコクやまろやかさがプラス

コメント 今日の豚汁はフレッシュトマトをミキサーにかけて水を入れずにトマトとお野菜の水分だけで煮た無水トマト豚汁。濃厚なおみそで旨みに深みがプラス

かぼちゃとアスパラのおみそ汁

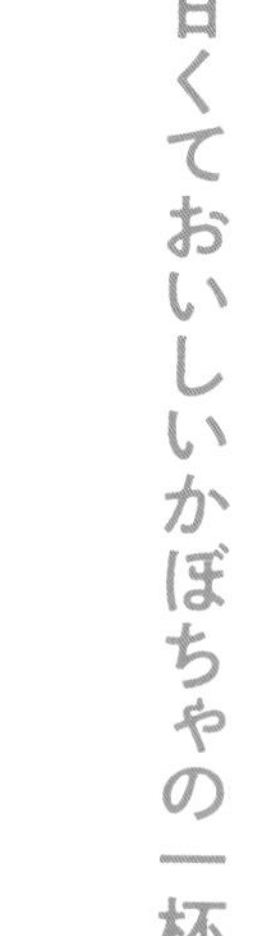

材料

- かぼちゃ…約120〜140g
- アスパラ…3〜4本
- お出汁パック
- 白みそ

作り方

❶鍋に水とお出汁パックとひと口大にカットしたかぼちゃを入れて沸騰したら7〜8分煮ます
❷カットしたアスパラを入れて1〜2分程茹でるように煮て火を止めます
❸おみそを溶き入れて完成です

コメント 夏野菜の甘み担当具材の組み合わせの一杯。
お出汁とおみその風味が優しく甘みをアシスト

ミックスベジタブルとレタスと粉チーズのおみそ汁

材料

- 冷凍ミックスベジタブル…約80g
- レタス…2枚分
- お好みの炒め油…小さじ1
- 鶏ガラ顆粒だし…小さじ1
- 粉チーズ…お好みで
- お好みのおみそ

作り方

❶ミックスベジタブルを冷凍のままオイルでサッと炒め水500mℓ入れて火にかけます
❷沸騰後鶏ガラ顆粒だしを入れおみそを大さじ1.5（約27〜30g）を目安に溶き入れます
❸お椀に手でちぎったレタスを入れておき、熱々のおみそ汁をかけて盛り付けます
❹お好みで粉チーズをかけて完成です

コメント **冷凍食品とレタスで簡単で彩りも良い一杯**

ミニトマトともずくのおみそ汁

材料

- 洗いもずく…約100g
- ミニトマト…7〜8個
- お出汁パック
- 赤みそ

作り方

❶お出汁が沸騰したら洗いもずくを入れ、カットしたトマトを入れます
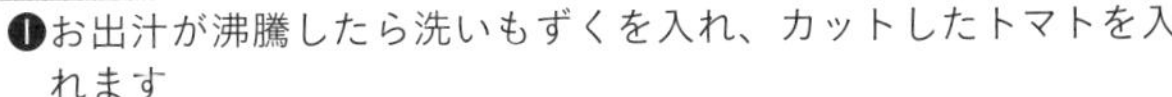
❷再び沸いたら火を止めておみそを溶き入れて完成です

コメント **細長い形をしたミニトマト（アイコトマト）のわずかな酸味ととろみのある洗いもずくがさわやかにベストマッチの一杯。食欲ない日にもスルスル食べられます**

小松菜とえのき茸と油揚げのおみそ汁

超定番！ほっとする一杯

7月

材料
- 小松菜…2束
- えのき茸…1/2株
- 油揚げ…1枚
- お出汁パック
- 白みそ

作り方
❶鍋に水とお出汁パックとカットしたえのき茸を入れて沸騰したら3〜4分煮ます
❷カットした油揚げと小松菜の茎の部分を入れて1〜2分煮ます
❸小松菜の葉の部分を入れて再び沸いたら火を止めます
❹おみそを溶き入れて完成です

コメント マンネリでもいいじゃな〜い!! 胸を張ってマンネリ上等!!
かなりのヘビロテの組み合わせは平常心でいつも通りの一杯

そうめんと短冊野菜 すりごまのおみそ汁

材料

- 大根…約5cm　● 人参…約5cm
- ブロッコリーの茎の部分（下茹で済）…適宜
- そうめん（茹でたもの）…お好みの量
- お出汁パック　● すりごま…大さじ2〜3
- 赤みそ

作り方

❶鍋に水とお出汁パックと短冊切りにした大根、人参を入れ沸騰したら4〜5分煮ます
❷ブロッコリーの茎を入れて2分煮たらすりごまを入れておみそを溶き入れて火を止めます
❸お椀におつゆを半分くらい盛ったら、冷たいままのそうめんを乗せて、再び上から熱々のおつゆと短冊野菜を盛り付けて七夕のおみそ汁の完成です

コメント　昨晩のそうめんの残りをおみそ汁に入れて温かいごまみそだれ風『天の川』
七夕の日に短冊切りにした大根と人参とブロッコリーの茎に願い事を込めて

ペラペラ長芋とわかめとみょうがのおみそ汁

材料

- 長芋…約5cm
- 乾燥わかめ…2g
- みょうが…1個
- お出汁パック
- お好みのおみそ

作り方

❶お出汁が沸騰したらわかめを入れて2分煮ます
❷薄くスライスした長芋を入れ火を止めておみそを溶き入れます
❸盛り付けたら粗くみじん切りにしたみょうがをのせて完成です

コメント　長芋を薄くペラペラにスライスしたら量が増えて2〜3枚まとめて食べるとシャキポクっとした食感で食べやすい。みょうがは縦4等分でみじん切りは全体に絡んでいい感じ

ほうれん草としめじと油揚げのおみそ汁

材料

- ほうれん草（下茹で済）…3束分
- しめじ…1/2株
- 油揚げ…1枚
- お出汁パック
- 白みそ

作り方

❶鍋に水とお出汁パックとしめじを入れ沸騰したら中火で3〜4分煮ます
❷カットした油揚げを入れて2分煮ます
❸カットしたほうれん草を入れ、再び沸いたら火を止めておみそを溶き入れて完成です

コメント **しめじと油揚げに茹でたほうれん草を合わせて白みそ仕立てで色合いよく仕上げた一杯**

ひきわり納豆とおかひじきのおみそ汁

材料

- ひきわり納豆…1パック
- 大葉…2枚
- おかひじき…約60〜80g
- お出汁パック
- お好みのおみそ

作り方

❶お出汁が沸騰したらカットしたおかひじきを入れ2〜3分煮ます
❷火を止めておみそを溶き入れます
❸ひきわり納豆に粗みじん切りにした大葉を混ぜておみそ汁にのせて完成です

コメント **7月10日は納豆の日　おかひじきのおみそ汁にみじん切りの大葉を混ぜたひきわり納豆をのせて**

7月

生きくらげとなめこのサンラータン風おみそ汁

ほどよい酸味とちょい辛で夏のおかずおみそ汁

7月

材料

- 豚肉…約200〜220g
- 木綿豆腐…200g
- 生きくらげ…約40〜50g
- なめこ…1袋
- 卵…1個
- 鶏ガラ顆粒だし…小さじ1
- ラー油…適宜
- 酢…大さじ1
- 酒…大さじ1
- 小ねぎ…適宜
- あわせみそ

作り方

❶豚肉を水600〜700mℓで煮て沸騰したらアクを取りカットした生きくらげとなめこと酒を入れて4〜5分煮ます
❷鶏ガラ顆粒だしと短冊切りにした木綿豆腐を入れます
❸再び沸騰したら酢を入れて沸騰したまま溶き卵を細く回し入れて火を止めます
❹おみそ約大さじ2.5〜3を溶き入れたらラー油をお好みの量入れ、お玉で全体を大きく混ぜます
❺盛り付けたら薬味に小ねぎや追いラー油をお好みでかけて完成です

コメント　**柔らかい酸っぱさとちょい辛な豚汁が夏にぴったりなおかずおみそ汁。片栗粉のとろみのかわりになめこを入れて具だくさんな一杯**

わかめと油揚げと枝豆のおみそ汁

材料

- 乾燥わかめ…2g
- 油揚げ…1枚
- 枝豆（茹でてさやから出して）…適宜
- お出汁パック
- お好みのおみそ

作り方

❶お出汁が沸騰したらわかめとカットした油揚げを入れて2〜3分程煮ます
❷火を止めておみそを溶き入れます
❸盛り付けたらさやから出した枝豆をのせて完成です

コメント **枝豆のおいしい季節に、定番のわかめと油揚げのおみそ汁の上にのせて、彩りよく食欲もUPの一杯**

お豆腐と夏の薬味のせおみそ汁

材料

- お豆腐…約200g
- 大葉、みょうが、長ねぎ（各適宜）
- お出汁パック
- お好みのおみそ

作り方

❶お出汁が沸騰したらカットしたお豆腐を入れ2分程煮ます
❷火を止めておみそを溶き入れます
❸盛り付けたら細かく刻んだ大葉、みょうが、長ねぎを混ぜて真ん中にのせて完成です

コメント **そうめんなどの薬味で残った大葉とみょうがと長ねぎをお豆腐のおみそ汁にのせて。あったかいけど冷ややっこみたいな一杯**

海老のスープカレー風おみそ汁

7/14

名店のスープカレーをおうちアレンジの一杯

材料

- 赤海老…4〜5尾
- 長なす…1本
- かぼちゃ…約100g
- オクラ…2〜3本（下茹で済）
- おろし生姜…約大さじ1.5
- カレー粉…大さじ1〜2
- 黒こしょう…適宜
- お出汁パック
- 粉末煮干しだし…大さじ1
- あわせみそ

作り方

❶赤海老は有頭で殻と尾と背ワタを取ります
❷鍋に水とお出汁パックとカットしたかぼちゃを入れ沸騰したら5〜6分煮ます
❸生姜、カレー粉、黒こしょう、粉末煮干しだしを入れます
❹カットしたなすと海老を入れて3〜4分中火で煮ます
❺具材が煮えたら縦に半分にカットしたオクラを入れて、火を止めておみそを溶き入れます
❻海老や具材をいい感じで盛り付けたらお好みで追い黒こしょうをかけて完成です

コメント **札幌の名店のスープカレーをおうちアレンジで和風みそスープ仕立ての一杯。なんちゃってだけど意外とスパイシーなおみそ汁としてアリでした**

白菜と油揚げのおみそ汁

材料

- 白菜…約2枚分
- 油揚げ…1枚
- お出汁パック
- お好みのおみそ

作り方

❶お出汁が沸騰したらカットした白菜の芯の部分とカットした油揚げを入れて3〜4分煮ます

❷白菜の葉の部分をカットして入れたら2分程煮ておみそを溶き入れて火を止めて完成です

コメント **白菜の外側の葉を2枚と油揚げのシンプルな組み合わせ。白菜は鮮やかなグリーンの濃淡と白い芯の部分が違っていろいろ楽しめる一杯**

カプレーゼ風おみそ汁

材料

- トマト（皮を湯むき済）…2個
- モッツァレラチーズ…1個
- オリーブオイル…お好みで
- お出汁パック
- バジリコ（飾り用適宜）
- 赤みそ

作り方

❶お出汁が沸騰したら皮を湯むきしてカットしたトマトを入れて火を止めておみそを溶き入れます

❷器に盛ったらカットしたモッツァレラチーズとバジリコを添えてオリーブオイルをタラタラ〜っとかけて完成です

コメント **トマト×かつお節×昆布×おみそ＝旨みの相乗効果 ミルキーなモッツァレラチーズのまろやかさがプラスされて、これはもはや…**

大根とモロヘイヤと油揚げのおみそ汁

シースルー大根はなめらかやわらか食感

材料

- 大根…約5cm
- モロヘイヤ（下茹で済）…適宜
- 油揚げ…1枚
- お出汁パック
- お好みのおみそ

作り方

❶お出汁が沸騰したらカットした油揚げとスライスした大根を入れて2〜3分煮ます
❷下茹でしてカットしたモロヘイヤを入れておみそを溶き入れて火を止めて完成です

コメント スケスケシースルーカットの大根。スライサーで本当にスッケスケに。表面が滑らかでシャキシャキよりも柔らかくて食べやすい一杯

小松菜とえのき茸と長ねぎのおみそ汁

7/18

夏こそしっかり食べて元気に過ごす一杯

7月

材料

- 小松菜…2束
- えのき茸…1/2株
- 長ねぎ…1/2本
- お出汁パック
- お好みのおみそ

作り方

❶鍋に水とお出汁パックとカットしたえのき茸を入れて沸騰したら3〜4分煮ます
❷カットした小松菜の茎を入れ1〜2分煮たら小松菜の葉と長ねぎを入れます
❸再びフツフツを沸き始めたら火を止めておみそを溶き入れて完成です

コメント　あっさり定番のおみそ汁と雑穀米の朝ごはんをしっかり食べて、暑い夏を乗り切りたいですね

7月

あさりとトマトのにんにくオイルおみそ汁

材料

- あさり…約200g（砂出し済）
- にんにく…2片
- ミニトマト…6〜8個
- オリーブオイル…大さじ2
- 酒…大さじ1
- 赤みそ

作り方

❶カットしたミニトマトとスライスしたにんにくをオリーブオイルでしっかり炒めます
❷酒とあさりを入れ、水600㎖で煮ます
❸あさりの殻が開いたらおみそ大さじ1.5〜2を溶き入れ完成です

コメント **たっぷりのスライスにんにくとミニトマトをオリーブオイルで炒めたイタリア風のあさりのおみそ汁です**

いんげん・椎茸・人参・玉ねぎのおみそ汁

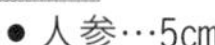

- 人参…5cm
- 椎茸…2個
- 玉ねぎ…1個
- インゲン…5本くらい
- お好みのおみそ

作り方

❶人参はあられ切り5㎜くらいの小さいコロコロに、そのほかの具材も同じくらいにカットします
❷すべて生のまま一緒に水約500〜600㎖で煮ます
❸具材が煮えたらおみそを大さじ2を目安に溶き入れて完成です

コメント **小さめコロコロ具材が和風ミネストローネみたい。動物性食材を使わないベジおみそ汁でヘルシーな一杯**

ニラと玉ねぎのかき玉おみそ汁

材料

- ニラ…3束
- 玉ねぎ…1/2個
- 卵…1個
- お出汁パック
- 白みそ

作り方

❶鍋に水とお出汁パックとスライスした玉ねぎを入れて沸騰したら3〜4分煮ます
❷カットしたニラを入れ再び沸騰した状態で溶き卵を細く箸に伝わせて鍋に回し入れ火を止めます
❸おみそを溶き入れてお玉で大きく全体を混ぜて完成です

コメント ニラ玉でかき玉な玉ねぎのふんわり玉子の一杯

キャベツとわかめと油揚げのおみそ汁

材料

- キャベツ…1/8個分
- 乾燥わかめ…2g
- 油揚げ…1枚
- お出汁パック
- お好みのおみそ

作り方

❶お出汁が沸騰したらカットしたキャベツと油揚げとわかめを入れて再び沸騰したら3〜4分煮ます
❷火を止めておみそを溶き入れて完成です

コメント 最近ちょっと野菜不足だな〜と感じる時にキャベツをおみそ汁に。
わかめと油揚げの定番の具材にキャベツを組み合わせて身体を整えたい一杯

ほうれん草と人参と玉ねぎのミルク豚汁

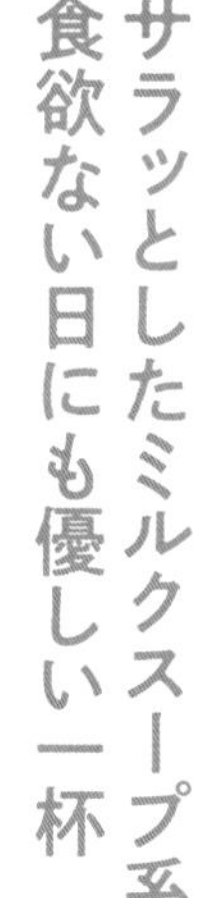

材料

- 人参…約5cm
- 玉ねぎ…1/2個
- 豚肉…約180〜200g
- ほうれん草（下茹で済）…3束分
- 鶏ガラ顆粒だし…大さじ1
- 牛乳…150〜200mℓ
- 白みそ

作り方

❶半月切りの人参、スライスした玉ねぎと豚肉を400mℓの水で5〜6分程煮ます

❷沸騰したらアクを取り、人参が柔らかくなったら鶏ガラ顆粒だしと牛乳とカットしたほうれん草を入れます

❸沸騰させないように加熱して火を止めたらおみそを溶き入れて完成です

コメント ほうれん草や人参の彩りもいいミルクスープ系の豚汁。
サラッとおいしいミルク豚汁は食欲ないときにも優しく食べやすい一杯

オクラともずくのおみそ汁

材料

- オクラ（下茹で済）…4本
- 洗いもずく…約100g
- お出汁パック
- お好みのおみそ

作り方

❶お出汁が沸騰したら洗いもずくを入れます
❷再び沸騰したら火を止めておみそを溶き入れます
❸盛り付けたら刻んだオクラをのせて完成です

7月

コメント　茹でたオクラを細かく刻んでネバネバを倍増させて
もずくのおみそ汁の上にのせた一杯

ひんやりとろろの薬味のせおみそ汁

材料

- 長芋…約8～10cm分
- 薬味（みょうが、生姜、大葉、すりごま）…適宜
- お出汁パック
- お好みのおみそ

作り方

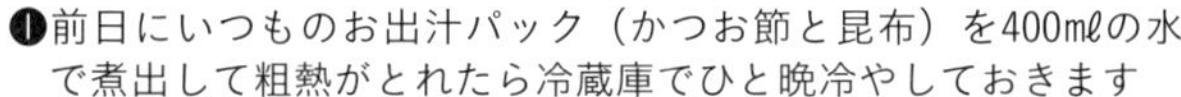

❶前日にいつものお出汁パック（かつお節と昆布）を400mℓの水で煮出して粗熱がとれたら冷蔵庫でひと晩冷やしておきます
❷朝（食べる時に）おみそを大さじ2を目安に溶きます
❸長芋をすりおろして②に混ぜます
❹盛り付けたら薬味でみょうが、生姜、大葉、すりごまを混ぜて上にのせて完成です

コメント　前日にかつお節と昆布のお出汁パックを煮出して冷蔵庫でひと晩冷やして
朝おみそを溶いて長芋をすりおろしたとろろをまぜて薬味のせの冷製の一杯

枝豆の焼きおにぎりとわかめのおみそ汁

えっ！焼きおにぎりが入ってる?!
サラサラ食べられる一杯

7月

材料

★ピーナッツみそ
- おみそ…大さじ2　●蜂蜜…大さじ1
- 粉末ピーナッツ（粗びき）…大さじ1

★焼きおにぎり
- 枝豆（さやから出して）…適宜
- お好みで大葉
- 炊いたごはん…約80g（一人分）
- 上記ピーナッツみそ…適宜

★おみそ汁
- 乾燥わかめ…1g　お出汁パック
- お好みのおみそ

作り方

❶ピーナッツみそはおみそと蜂蜜と粉末ピーナッツを混ぜるだけで完成です（余ったらインゲンなどの和え物にも使えます）
❷炊いたご飯に枝豆を混ぜておにぎりを作りピーナッツみそを塗ってトースターで約5分程焼きます
❸お出汁が沸騰したらわかめを入れ2分くらいで火を止めておみそを溶き入れます
❹お椀に焼きおにぎりを入れて、③のおみそ汁をかけてお好みで大葉など乗せて完成です

コメント **枝豆をごはんに混ぜてピーナッツみそを塗ってトースターで焼いたおにぎりにわかめのおみそ汁をかけた、サラサラ食べる一杯**

かぼちゃと豆乳の冷製みそポタージュ

7/27

ひんやり甘い
皮ごとかぼちゃのポタージュ

材料

- かぼちゃ…約150〜180g
- 玉ねぎ…1/2個
- 豆乳…200〜300mℓ
- 鶏ガラ顆粒だし…小さじ1（なくても自然の甘みがあります）
- 白みそ
- イタリアンパセリ（飾り用にあれば）

作り方

❶皮ごと適当にカットしたかぼちゃと玉ねぎを水400mℓで煮ます
❷かぼちゃが柔らかく煮えたら火を止めて粗熱を取り、鶏ガラ顆粒だし、おみそを大さじ2くらい入れてブレンダーやミキサーでペースト状にします
❸豆乳を少しずつ加えてお好みの状態になったら冷蔵庫で冷やします
❹冷たい状態で盛り付けたら少し豆乳をたらしてお箸などでクル〜っと輪を描いてお好みでイタリアンパセリなどを添えて完成です

コメント **皮ごとかぼちゃと玉ねぎと豆乳で冷製のみそポタージュスープはおみその風味が甘みを引き立てる一杯**

わかめと大葉と揚げ玉のおみそ汁

材料

- 乾燥わかめ…2g
- 揚げ玉（天かす）…約10g
- 大葉…2〜3枚
- お出汁パック
- お好みのおみそ

作り方

❶お出汁が沸騰したらわかめを入れて火を止めておみそを溶き入れます
❷お椀に盛り付けたら、手でちぎった大葉と揚げ玉をのせて完成です

コメント　**簡単にパッとできておいしい一杯。
暑い夏に長時間キッチンに立ちたくないときのお助けメニュー**

なすとみょうがの豚汁

- 豚肉…180〜200g
- 長なす…2本
- みょうが2〜3本
- お好みの炒め油…大さじ1〜2
- 削り節…小1袋（約2g）
- 赤みそ

作り方

❶なすをオイルで炒めて焼き色をつけ、豚肉も炒めてからお湯500mℓ入れ煮ます
❷沸騰したらアクを取り、3分程煮たら削り節を入れ、縦に4等分したみょうがを入れます
❸おみそを溶き入れて火を止めて完成です

**なすとみょうがのカンタン夏の豚汁です。
暑い日にもこの豚汁をおかずに食べる一杯**

かぼちゃとアボカドのヨーグルトかけおみそ汁

材料

- かぼちゃ…約100g
- アボカド…1個
- ヨーグルト（無糖プレーン）…大さじ1（1杯分）×人数分
- お出汁パック
- お好みのおみそ

作り方

❶鍋に水とお出汁パックとカットしたかぼちゃを入れ沸騰したら7〜8分煮ます
❷かぼちゃが柔らかくなったらカットしたアボカドを入れ火を止めておみそを溶き入れます
❸盛り付けたらヨーグルトをかけて完成です

7月

コメント **チャレンジおみそ汁。いつものおみそ汁に大さじ1杯のヨーグルトをかけてみたら。毎日続ける腸活としてもさっぱりの酸味もプラスされアリかも。甘みのあるかぼちゃとも相性◎**

小松菜としめじと焼き麩のおみそ汁

- 小松菜…2束
- しめじ…1/2株
- 焼き麩…10〜12個
- お出汁パック
- お好みのおみそ

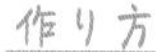

❶鍋に水とお出汁パックとしめじを入れ沸騰したら3〜4分煮ます
❷カットした小松菜を入れ再び沸いたら火を止めておみそを溶き入れます
❸焼き麩を入れて全体をゆっくり混ぜたら完成です

コメント **おつゆがしみこんでふわふわな焼き麩。暑い今こそ温かいおみそ汁で夏を乗り切りましょう!!**

なすとオクラと油揚げのおみそ汁

材料

- 丸なす…大1個
- オクラ…2本
- みょうが…1個
- 油揚げ…1枚
- お出汁パック
- 赤みそ

作り方

❶お出汁が沸騰したらカットした油揚げを入れて3〜4分煮ます
❷カットしたなすを入れて3〜4分煮たら、斜めにカットしたオクラを入れて1〜2分で火を止めます
❸おみそを溶き入れて盛り付けたらせん切りのみょうがをのせて完成です

コメント なすを色よく仕上げるコツがわかったかも。まだ確率は100%ではないけど
油揚げやオイルで高温で加熱などで水からゆっくりではないほうがいいかも。いろいろお試しください

鶏肉と夕顔とみょうがのおみそ汁

材料

- 鶏肉…約100g
- 夕顔…約180〜200g
- 片栗粉…約大さじ1
- みょうが…1個
- お出汁パック
- お好みのおみそ

作り方

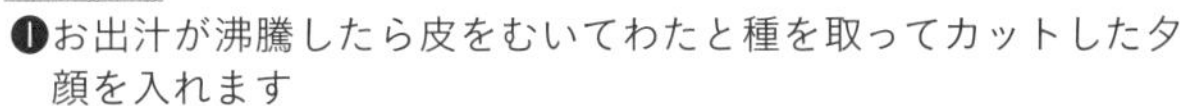

❶お出汁が沸騰したら皮をむいてわたと種を取ってカットした夕顔を入れます
❷ひと口大にカットして片栗粉をまぶした鶏肉を入れ火を弱めて7〜8分煮ます
❸夕顔が透明になって鶏肉にも火が通ったら火を止めておみそを溶き入れます
❹すぐ食べないで10分〜15分程置いて味が染み込んでから盛り付けたら刻んだみょうがをのせて完成です

コメント 鶏肉に片栗粉をまぶして煮た水晶鶏みたいな仕上がりでとろみが夕顔にもぴったり。
完成してもすぐ食べないで10〜15分くらい置くと夕顔に味がしみこんでベストタイミング

キャベツと玉ねぎと人参のおみそ汁

材料

- キャベツ…1/8個分
- 人参…1/2本
- 玉ねぎ…1/2個
- お出汁パック
- お好みのおみそ

作り方

❶鍋に水とお出汁パックと短冊切りの人参とスライスした玉ねぎを入れて沸騰したら3〜4分煮ます
❷ザクザクせん切りのキャベツを入れて2〜3分煮たら火を止めておみそを溶き入れて完成です

夏祭りや花火大会などのイベントで食生活も何かと乱れがち。
そんな翌日の朝におみそ汁でお野菜をたっぷり補給して腸内を整えたい一杯

長芋とわかめとオクラのおみそ汁

材料

- 長芋…5〜6cm
- オクラ（下茹で済）…2本
- 乾燥わかめ…2g
- お出汁パック
- お好みのおみそ

作り方

❶お出汁が沸騰したらわかめを入れて短冊切りにした長芋を入れて火を止めます
❷おみそを溶き入れて盛り付けたら小口切りのオクラを乗せて完成です

コメント　**長芋とオクラのネバネバPower。
エアコンで身体が冷えているからあったかいおみそ汁が染み渡る一杯**

小松菜と玉ねぎと厚揚げのおみそ汁

材料

- 厚揚げ…約120〜140g
- 小松菜…2束
- 玉ねぎ…1/2個
- お出汁パック
- お好みのおみそ

作り方

❶お出汁が沸騰したら厚揚げを手でちぎって入れて沸騰したら3分程煮ます
❷薄くスライスした玉ねぎを入れて、カットした小松菜を入れて煮ます
❸再び沸騰してきたらおみそを溶き入れて火を止めて完成です

コメント　**厚揚げは手でちぎって薄くスライスした玉ねぎを絡めた一杯**

焼きごまみそと焼き鮭の冷や汁風 おみそ汁

焼きごまみその風味が抜群!

8月

材料

- きゅうり…1本
- みょうが…1個
- 大葉…3枚
- 木綿豆腐…100g
- すりごま…大さじ2
- 焼いた鮭…1切れ
- お出汁パック（約400〜450mℓの水で煮出して冷蔵庫へ）
- あわせみそ…50g

作り方

❶きゅうりをスライスしてひとつまみの塩を混ぜて10分置いてしぼって水分を抜きます

❷焦げ付かない加工のフライパンにすりごま大さじ2を軽く炒ってからおみそ50gを入れ木べらなどでフライパンのフチに何度も擦り付けるように加熱して数分でおみそが濃い色に変わって香ばしい香りがしたら焼きごまみそのスタンバイOK

❸みょうがを縦半分で小口切り、大葉はせん切り、木綿豆腐は手でちぎっておきます

❹冷やしたかつおと昆布だし300〜350mℓに焼いたごまみそを溶いて①と③を入れ盛り付けたら焼き鮭をほぐしてのせて完成です

コメント **フライパンで焼きごまみそを作り、焼き鮭でアレンジした作りやすくてそれっぽい冷や汁風のおみそ汁です。お出汁はおみそ汁なら350mℓつけ汁なら300mℓで調整してください**

木綿豆腐と小松菜と長ねぎのおみそ汁

8
月

材料

- 木綿豆腐…200g
- 小松菜…2束
- 長ねぎ…5cm
- お出汁パック
- お好みのおみそ

作り方

❶お出汁が沸騰したらカットした小松菜と木綿豆腐を入れ2〜3分煮ます
❷火を止めておみそを溶き入れます
❸盛り付けたら小口切りの長ねぎをのせて完成です

コメント あっさり系の落ち着いて食べられる普通の一杯。
小口切りの薬味として煮込まない長ねぎの風味がいい

ミニトマトとレタスのおみそ汁

材料

- レタス…2〜3枚分
- ミニトマト（赤・黄）…5〜6個
- お出汁パック
- お好みのおみそ

作り方

❶お出汁が沸騰したら火を止めておみそを溶き入れます
❷レタスを手でちぎって山盛りお椀に入れ①のおつゆをかけます
❸半分にカットしたミニトマトをのせて追いレタスでサラダ風に盛り付けて完成です

コメント とにかく暑い。暑い日に具材を煮込まないサラダ風に盛り付けた一杯。
暑くてもおつゆは温かいほうがお腹にも優しい〜

なすと玉ねぎとしめじのおみそ汁

材料

- 梨なす（長なす2本でもOK）…2〜3個
- 玉ねぎ…1/2個　● しめじ…1/2株
- お出汁パック
- 赤みそ

作り方

❶鍋に水とお出汁パックとしめじを入れ沸騰したら3〜4分煮ます
❷沸騰状態にしてカットしたなすを入れて3〜4分煮ます
❸玉ねぎを入れて再び沸いたらおみそを溶き入れて火を止めて完成です
※玉ねぎを後から入れて少しシャキっと感を残した仕上がりにしました

コメント　**地元長岡の梨なすをおみそ汁にしました。長なすでももちろんOK**
玉ねぎとしめじとコクのある米こうじの赤みそがぴったりな一杯

大根おろしとわかめと三つ葉のおみそ汁

材料

- 乾燥わかめ…2g
- 大根…7〜8cm（すりおろして160〜200g）くらい
- 三つ葉…適宜
- お出汁パック
- お好みのおみそ

作り方

❶大根の皮をむき縦半分にカットして一本ずつすりおろします
❷お出汁が沸騰したらわかめを入れて、おろした大根の後のせ用に軽く絞った2杯分以外を汁ごと鍋に入れて再度沸騰したら火を止めます
❸おみそを溶き入れてカットした三つ葉を入れます。
❹盛り付けたら大根おろしをのせて完成です

コメント　**胃腸がすっきりしないときのさっぱりごはんに大根おろしがいい仕事をしてくれます。**
おろした汁はおつゆの中に入れて全部食べられます

まるごとトマト とろろ昆布と削り節のおみそ汁

簡単、おいしい！
丸ごとトマトの一杯

材料

- トマト…2個（1人1個）
- とろろ昆布…6g
- 削り節…2g
- 赤みそ…大さじ2（36g）
- 大葉…適宜

作り方

❶トマトのヘタを取り反対側に軽く十文字の切れ目を入れます
❷鍋に400mℓの水が沸いたらトマトを入れ、1分で取り出して冷水に入れ湯むきで皮を取ります
❸トマトを取り出した鍋を再度沸騰させてとろろ昆布と削り節を入れて火を止めたらおみそを溶き入れます
❹湯むきをしたトマトを丸ごとお椀に入れ③のおつゆをかけるように盛り付けてせん切りにした大葉をのせて完成です

コメント 丸ごとトマトのほのかな酸味と、とろろ昆布と削り節で旨みの相乗効果になっている時短でインパクトのある一杯

ゴーヤチャンプルー風おみそ汁

材料

- わしたポーク…1缶（200g）
（添加物の入らない缶入りランチョンミート）
- ゴーヤ…1/4本
- 焼き豆腐…約100g
- 卵…2個
- ごま油…大さじ2
- あわせみそ

作り方

❶ひと口大にカットしたわしたポークをごま油で焼き目がつくまで炒めたらワタや種を取って切ったゴーヤを入れて炒めます
❷脇にまとめて空いたところで炒り卵を作ります
❸カットした焼き豆腐を入れて水を500mℓ入れて沸騰したら少し火を弱め3〜4分煮ます
❹おみそを溶き入れて火を止めて完成です

コメント **沖縄の郷土料理ゴーヤチャンプルーみたいなおみそ汁です。食べ応えのあるおかずにもなる一杯**

8月

なすとかぼちゃのべた煮風おみそ汁

材料

- 丸なす…大2個
- かぼちゃ…120g
- 人参…1/2本
- しめじ…1/2株
- 鮭の水煮缶…1缶（約180g）
- みょうが…3個
- 昆布…6g
- 削り節…4g
- 赤みそ

作り方

❶なすとかぼちゃは大きめの乱切りに、半月切りの人参と水700mℓで煮ます。昆布もひと口サイズにカットしてそのまま煮込んで具材としていただきます
❷沸騰したらしめじを入れてかぼちゃが柔らかくなるまで煮ます
❸みょうがを縦に4等分にカットして入れ、鮭の水煮缶は汁ごと入れます
❹おみそを大さじ3を目安に溶き入れて削り節を入れたら全体を混ぜて火を止めて完成です。出来上がりをすぐに食べないで冷ましてなじませてからがおススメです

コメント **越後のお盆には欠かせないかぼちゃが煮溶けた甘みと柔らかいなすが絶品。冷たくして食べる夏の煮物の郷土料理『べた煮』をおみそ汁代わりの一杯に**

酢ずいきと油揚げのおみそ汁

材料

- 酢ずいき…約80g
- 油揚げ…1枚
- お出汁パック
- お好みのおみそ
- いりごま…適宜

作り方

❶ずいきは皮をむいて鍋の長さに切って酢を入れて2〜3分茹でます。酢でパッと鮮やかなピンク色に変わり、甘酢に漬けた酢ずいきを数本まとめて3〜4㎝くらいの長さに切っておきます
❷お出汁が沸騰したらカットした油揚げを入れて沸騰したら3分煮ます
❸火を止めておみそを溶き入れます
❹盛り付けたらカットした酢ずいきをのせていりごまを指でひねりながらかけて完成です

コメント **この酢ずいきも越後のお盆料理。ずいきは里芋（八つ頭/ヤツガシラ）の茎です。酢で茹でて甘酢につけた『酢ずいき』をおみそ汁に入れてさわやかでさっぱりの一杯**

大根と人参とごぼうのシースルー豚汁

材料

- 大根…5㎝
- 人参…5㎝
- ごぼう…1/3本
- 削り節…2g
- 豚バラ肉…約150〜170g
- 長ねぎ…約5㎝分
- 七味…適宜
- お好みのおみそ…約大さじ2〜2.5

作り方

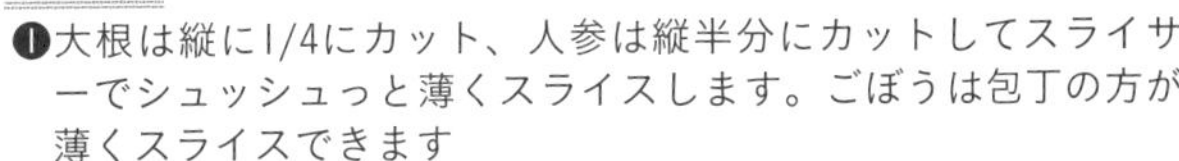

❶大根は縦に1/4にカット、人参は縦半分にカットしてスライサーでシュッシュっと薄くスライスします。ごぼうは包丁の方が薄くスライスできます
❷豚バラ肉を4〜5㎝にカットして500㎖の水の中に泳がせ、スライスしたごぼうを入れて火にかけます
❸沸騰したらアクを取り、シースルーにスライスした大根と人参を入れ再び沸騰したら削り節を入れておみそを溶き入れ、火を止めます。盛り付けたら長ねぎや七味をかけて完成です

コメント **以前からやっていたスライサーでスケスケのシースルーカットこそ今この時期に活用すべし。熱中症リスクのキッチンにて煮込まないでサッとできる豚汁です**

ほうれん草とえのき茸とみょうがのおみそ汁

冷凍えのきと大活躍のみょうがで爽やかな夏の一杯

8月

材料

- 冷凍保存のカットえのき茸…約60gくらい
- ほうれん草（下茹で済）…3束分
- みょうが…1個
- お出汁パック
- お好みのおみそ

作り方

❶鍋に水とお出汁パックと冷凍保存えのき茸を入れて沸騰したら3〜4分煮ます
❷カットしたほうれん草を入れて再び沸騰したら火を止めておみそを溶き入れます
❸盛り付けたらせん切りのみょうがをのせて完成です

コメント カットして冷凍保存しておいたえのき茸は旨みがUpすると言われています。
使いたい時に冷凍のままパッと使えて旨みもアップするなんて一石二鳥の便利アイテムです

岩もずくと山形だし風冷製おみそ汁

佐渡産岩もずくのシャキッと感と
たっぷり薬味が残暑にぴったり

8月

材料

- 佐渡産岩もずく（塩蔵）…100g
- きゅうり…1本
- オクラ（下茹で済）…2本
- みょうが…1個
- 生姜…1片
- 大葉…3枚
- お出汁パック
- あわせみそ

作り方

❶塩蔵の岩もずくは水で流してボールに水を張り1分置き、また流してを2〜3回繰り返すと塩が抜けます。沸騰した鍋に入れたらすぐにザルにあげて冷やします
❷きゅうり、みょうが、オクラ、生姜、大葉は細かくカットして混ぜ合わせます
❸冷やしておいたお出汁350〜400mℓにおみそ大さじ2.5〜3を目安に溶き入れます
❹岩もずくと②の薬味を③に混ぜて完成です。分量はお好みで調整してください

コメント　佐渡の天然岩もずくのとろみ&シャキシャキ感と山形のだし風の薬味を絡めたひんやり冷製のおみそ汁は簡単で残暑にぴったりな一杯

長ねぎと小松菜と木綿豆腐のおみそ汁

材料

- 長ねぎ…1本
- 小松菜…2束
- 木綿豆腐…200g
- お出汁パック
- お好みのおみそ

作り方

❶出汁が沸騰したら斜め切りの長ねぎ、小松菜の茎、短冊切りの木綿豆腐、小松菜の葉っぱの順に30秒くらいの少しの時間差で入れてサッと煮ます

❷再び沸騰したら火を止めおみそを溶き入れて完成です

コメント **夏に薬味として活躍してきた長ねぎも、斜め切りで煮込む使い方も恋しくなって。サッと煮た長ねぎが少し秋の気配を感じられる風味の一杯**

枝豆のコーンチャウダー風おみそ汁

材料

- じゃがいも…1個　● 玉ねぎ…1/2個
- 人参…1/3本　● とうもろこし（塩茹で済）…適宜
- 枝豆（さやから出して）…適宜
- 豆乳…150～200mℓ　● あわせみそ

作り方

❶じゃがいも、玉ねぎ、人参をさいの目切りにして水400mℓで煮ます

❷じゃがいもや人参が煮えたら枝豆を入れておみそを大さじ2～2.5を目安に溶き入れます

❸豆乳を濃さを確認しながら加えて沸騰しないように温めて火を止めます

❹盛り付けたら塩茹でしたとうもろこしの芯からカットしたものをお好みで乗せて完成です

コメント **あさりもベーコンも入れない、オイルも使わないヘルシーなコーンチャウダー風。オイルを使わない豆乳スープ系は周りに泡が出やすくなりますが沸騰して分離しなければ問題なし**

モロヘイヤとミニトマトのおみそ汁

彩り鮮やか！ヘルシーな一杯

材料

- モロヘイヤ（下茹でカット済）…約50g
- ミニトマト…7〜8個
- お出汁パック
- 白みそ

作り方

❶お出汁が沸騰したらカットしたミニトマトを入れてモロヘイヤを入れて火を止めます
❷おみそを溶き入れて完成です

モロヘイヤのネバネバにミニトマトの爽やかな酸味とかつおと昆布だしの旨みがこの時期にぴったり。赤とグリーンを活かす白みそが彩りよくテンションもアップ

夏野菜の豚汁

- 豚肉…約170g　● ズッキーニ…1/2本　● 人参…1/2本
- 生姜…1片　● かぼちゃ…60g　● 長なす…1本
- お好みの炒め用オイル…大さじ1〜2
- お好みのおみそ

作り方

❶豚肉を炒めます
❷なす、ズッキーニ、人参、生姜をそれぞれ半月切りに、かぼちゃは薄めひと口大にスライスして野菜を一緒に炒めます
❸水400〜500mℓを入れて沸騰してアクが出たら取りながら煮ます
❹かぼちゃや人参に火が通ったらおみそを大さじ2を目安に溶き入れて完成です

8月

夏は作り置きしない今日中に食べられる量で生姜の風味の夏野菜の豚汁がちょうどいい

はまぐりと長ねぎのおみそ汁

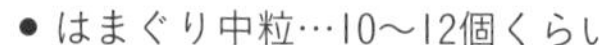

- はまぐり中粒…10〜12個くらい
- 長ねぎ…適宜
- お好みのおみそ

作り方

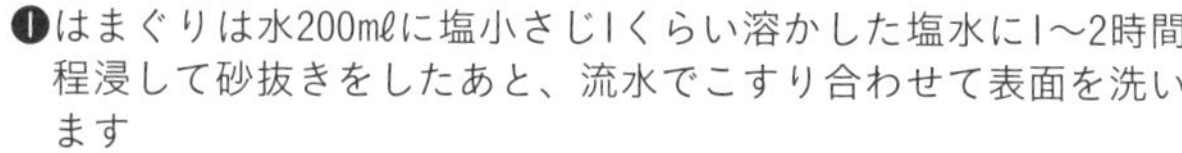

❶はまぐりは水200mℓに塩小さじ1くらい溶かした塩水に1〜2時間程浸して砂抜きをしたあと、流水でこすり合わせて表面を洗います
❷鍋に水とはまぐりを入れて中火の少し火を弱めたくらいの火加減でゆっくり煮ます
❸アクがでたら取り、すべてのはまぐりの口が開いたら火を止めておみそを溶き入れます
❹盛り付けたら長ねぎをのせて完成です

コメント

中粒でも充分ふっくらした食べ応えのあるはまぐりの身と旨み濃厚なはまぐりのお出汁。あ〜♪この一杯でシアワセ気分！

なすとピーマンのサバ缶カレーのおみそ汁

材料

- 長なす…2本
- ピーマン…2個
- サバ缶（約200g）
- おろし生姜…大さじ1
- オリーブオイル…大さじ2
- カレー粉…小さじ2
- 水…約400〜500mℓ
- あわせみそ…大さじ2

作り方

❶なすとピーマンは一口サイズの乱切りにして、まずなすをオリーブオイルで炒め、ピーマンを軽く炒めてサバ缶の汁だけ先に入れます
❷すぐカレー粉とおろし生姜をいれて全体を絡めます
❸水を入れて沸騰したら火を少し弱め2〜3分煮ます
❹サバ缶の身を軽くほぐして入れ、おみそを溶き入れて完成です

コメント なすとピーマンとサバ缶で作るカレー風味のおかずおみそ汁。サバのお出汁とカレー風味と生姜とおみそがベストマッチ

なめことモロヘイヤのおみそ汁

材料

- モロヘイヤ（下茹で済）…約60g
- なめこ…1袋
- お出汁パック
- お好みのおみそ

作り方

❶お出汁が沸騰したらなめこを入れて再び沸騰したら少し火を弱めて3〜4分煮ます

❷下茹でしてカットしたモロヘイヤを入れたら火を止めておみそを溶き入れて完成です

コメント 夏はネバネバPowerに頼りがち。なめことモロヘイヤの最強タッグでエアコンで冷えてる身体にあったかいおみそ汁を

桃と甘酒とヨーグルトの冷製おみそ汁

8/25

びっくり！三種の発酵食品と桃の超絶おいしいデザートおみそ汁

材料

- 桃…約1/2個
- 甘酒… 100mℓ
- ヨーグルト…大さじ1
- 白みそ…小さじ1（約6g）
- ミントの葉（飾り用あればお好みで）

作り方

❶冷たく冷やした甘酒にヨーグルトとおみそを混ぜます
❷食べやすい大きさにカットした桃を器に入れて①をかけてお好みでミントの葉をのせて完成です。桃に絡めてお召し上がりください

コメント デザートおみそ汁チャレンジ。甘酒のさわやかな甘みとヨーグルトのさっぱりした酸味におみそのほのかな塩味が桃の甘みと風味を引き立てて意外と絶品

芽れんこんと厚揚げとほうれん草のおみそ汁

材料

- 芽れんこん…小1節
- 厚揚げ…約120〜140g
- ほうれん草（下茹で済）…2束分
- お出汁パック
- お好みのおみそ

作り方

❶鍋に水とお出汁パックと皮をむいてスライサーで薄くスライスした芽れんこんを入れて、沸騰したら火を少し弱めて4〜5分煮ます

❷薄くカットした厚揚げとカットしたほうれん草を入れて再び沸き始めたら、おみそを溶き入れて火を止めて完成です

コメント　「シースルー」今日は芽れんこん。消えてなくなるかと思うほど透き通りますがしっかりシャキシャキ感があって食べやすくてコレは唯一無二の絶品

鶏ささみと玉ねぎと小松菜のおみそ汁

材料

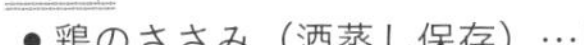

- 鶏のささみ（酒蒸し保存）…1本
- 玉ねぎ…1/2個
- 小松菜…2束
- お出汁パック
- お好みのおみそ

作り方

❶お出汁が沸騰したら薄くスライスした玉ねぎとカットした小松菜の茎の部分を入れます

❷再び沸騰したらカットした小松菜の葉の部分を入れて沸いたら1分程煮て火を止めます

❸おみそを溶き入れて、盛り付けたらささみを手でほぐして上にのせて完成です

コメント　鶏のささみの酒蒸しを手でほぐして上にのせて。玉ねぎの甘みとぴったり

お豆腐とキムチのおみそ汁

材料

- お豆腐…1パック
- キムチ…大さじ約1〜2
- お出汁パック
- お好みのおみそ

作り方

❶お出汁が沸騰したら火を止めておみそを溶き入れます
❷お椀にお豆腐をスプーンですくって入れて①のおみそ汁をかけ入れます
❸お好みの量のキムチをのせて完成です

定番のお豆腐の切り方もスプーンですくってアイスみたいにお椀に入れて熱々のおみそ汁をかけてキムチをのせた、灼熱キッチンから早く脱出する時短おみそ汁

鶏肉とかぼちゃと長ねぎと椎茸のおみそ汁

材料

- 鶏肉…約170〜200g
- 椎茸…中2個
- かぼちゃ…約80〜100g
- 長ねぎ…1/2本
- 酒…大さじ1
- お好みのおみそ

作り方

❶鶏肉をひと口大にカットして、椎茸もカットして一緒に水から煮ます
❷沸騰したらアクを取ったら酒を入れて3〜4分煮ます
❸かぼちゃを2〜3分程レンチンして少し柔らかくなったらカットして②に入れて煮ます
❹かぼちゃが煮えたら長ねぎを入れておみそを溶き入れ完成です

コメント **鶏肉と椎茸からの旨み出汁が濃厚でかぼちゃの甘みにぴったり**

長芋となめことオクラのおみそ汁

ネバネバ三銃士さま
残暑の身体をお守りください

材料

- 長芋…5〜6cm分
- なめこ…1袋
- オクラ（下茹で済）…2本
- お出汁パック
- お好みのおみそ

作り方

❶お出汁が沸騰したらなめこを入れて再び沸騰したら少し火を弱めて3〜4分煮ます
❷火を止めておみそを溶き入れます
❸盛り付けたらカットした長芋とオクラを入れて完成です

コメント **お豆腐みたいだけど長芋です。**
小口切りの星形断面のオクラとコロコロカットの長芋は後のせでOK

野菜の日のおみそ汁

8/31

材料（4〜5杯分　少し多めにできます）

- 玉ねぎ…1個　● じゃがいも…1個　● 人参…1/3本
- 白菜…1枚分　● 小松菜…1束　● 舞茸…1/2パック
- お出汁パック　● 水…約800mℓ
- 赤みそ

作り方

❶鍋に水とお出汁パックと半月切りのじゃがいもと人参とカットした玉ねぎと舞茸を入れ沸騰したら火を少し弱め5〜6分煮ます
❷カットした白菜の芯の部分と小松菜の茎を入れ再び沸騰したら1分程煮ます
❸白菜と小松菜の葉の部分を入れて沸騰したら1〜2分煮て火を止めます
❹おみそを溶き入れて完成です

コメント 8（や）3（さ）1（い）の日はもちろんお野菜の具だくさんおみそ汁で。
玉ねぎの甘みのある時にはしっかり濃厚なおみそがいろいろなお野菜の旨みをぎゅ〜っとまとめます

じゃがいもとしめじとわかめと油揚げのおみそ汁

- じゃがいも…1個
- しめじ…1/2株
- 油揚げ…1枚
- 乾燥わかめ…2g
- お出汁パック
- お好みのおみそ

作り方

❶鍋に水とお出汁パックと半月切りのじゃがいもとしめじを入れ沸騰したら5〜6分程煮ます
❷カットした油揚げとわかめを入れて沸騰したら2分程煮ます
❸じゃがいもが柔らかくなったら火を止めておみそを溶き入れて完成です

残暑厳しいこの時期こそ定番具材でも具だくさんにした
あったかいおみそ汁で『秋バテ』しないように気をつけてお過ごしください

生きくらげのスープ春雨風 おみそ汁

材料

- 人参…1/3本　● ピーマン…1個　● 油揚げ…1枚
- 生きくらげ…約30～40g　● 春雨…約15～20g
- ごま油…大さじ2
- 赤みそ
- お好みでラー油　● いりごま…適宜

作り方

❶春雨は包装袋に記載されている通りに下茹でしておきます
❷きくらげ、人参、ピーマンをごま油で炒めます
❸水を700㎖くらい入れて沸騰したら3分程煮ます
❹下茹でした春雨を入れて再び沸騰したら油揚げを入れ火を止めておみそを溶き入れます
❺盛り付けたらいりごまやラー油などお好みでかけて完成です

コメント　**農家さんの生のきくらげでごま油香るスープ春雨風のおかずおみそ汁の一杯**

松山あげと木綿豆腐と長ねぎとえのき茸のおみそ汁

材料

- 松山あげ（きざみ）…約15g
- 木綿豆腐…200g
- 長ねぎ…1/2本
- えのき茸…1/2株
- お出汁パック
- お好みのおみそ

作り方

❶鍋に水とお出汁パックとカットしたえのき茸を入れて沸騰したら3～4分煮ます
❷カットしたお豆腐と斜め切りの長ねぎと松山あげを入れて再び沸騰したら約30秒～1分煮ます
❸火を止めておみそを溶き入れて完成です

コメント　**ふわっふわで油抜きいらずで常温保存可能で便利な松山あげのコクと旨みが長ねぎとえのき茸にぴったり**

きのこたっぷりれんこん豚汁

9/4

「串の日」の食卓にぴったりの一杯

9月

材料

- 豚肉…約200g
- ごぼう…1/3本
- 長ねぎ…10cm
- 冷凍保存したきのこミックス…70〜80g（しめじ、椎茸、エリンギ、えのき茸、舞茸）
- 大根…6〜7cm
- 人参…1/3本
- れんこん…一節（小）
- 赤みそ
- 小ねぎ適宜

作り方

❶鍋に水700mℓと冷凍きのこミックスと大根、人参、ごぼう、れんこんを入れて沸騰したら火を少し弱めて10〜15分程煮ます
❷根菜類が煮えてきたら水150〜200mℓを加えてから豚肉を広げて入れて沸騰したらアクを取り少し火を弱めて5分程煮ます
❸火を止めておみそを予定量の約8割分溶き入れて1〜2時間程置きます
❹食べる時長ねぎを加え火を入れ沸いたら火を止め仕上げのおみそを溶き入れて完成です

コメント 9（く）4（し）＝串の日。
きのことれんこんの豚汁とみそ田楽の食卓

甘えびの唐揚げとレタスとセロリのおみそ汁

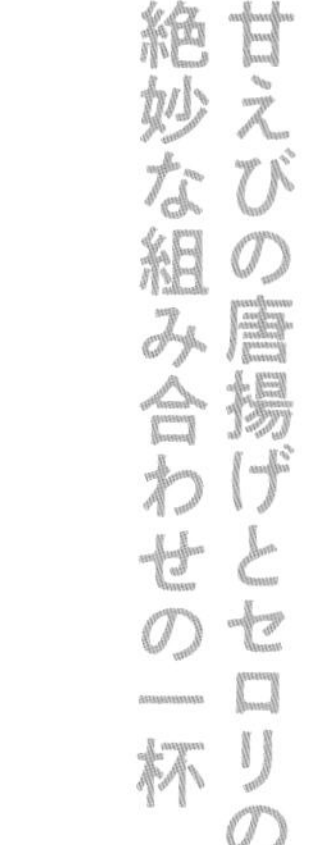

9月

材料

- 甘えびの唐揚げ（お惣菜）…約7〜8尾分
- レタス…2枚分
- セロリ…適宜
- お出汁パック
- お好みのおみそ

作り方

❶お出汁が沸騰したらカットしたセロリと手でちぎったレタスを入れて再度沸騰したら火を止めておみそを溶き入れます
❷盛り付けたらトースターで炙ってあたためた甘えびの唐揚げをお好みの量お椀にのせて完成です

コメント **お惣菜の甘えびの唐揚げをおみそ汁の具に。セロリもさっぱりとアクセントにぴったり。衣のじゅわ〜っと感と甘えびの旨み出汁がおみそ汁にベストマッチ**

なすとみょうがのおみそ汁

材料

- 長なす…2本
- みょうが…1個
- お出汁パック
- 赤みそ

作り方

❶お出汁が沸騰したらピーラーで縞々に皮をむいて輪切りにした長なすを入れて3〜4分煮ます
❷なすに火が通ったら火を止めておみそを溶き入れます
❸盛り付けたらみょうがをのせて完成です

コメント お野菜の切り方でおみそ汁の表情も変わりますね。長なすの皮をピーラーでシマシマにむいてから輪切りにすると重なった部分が市松模様みたい

小松菜と白舞茸と油揚げのおみそ汁

材料

- 小松菜…2束
- 白舞茸（小）…1パック
- 油揚げ…1枚
- お出汁パック
- 白みそ

作り方

❶鍋に水とお出汁パックと白舞茸を入れ沸騰したら少し火を弱めて3〜4分煮ます
❷カットした油揚げと小松菜の茎の部分を入れて沸騰したら約2分程煮ます
❸カットした小松菜の葉の部分を入れて沸騰したら30秒〜1分程で火を止めておみそを溶き入れて完成です

コメント 白い舞茸は旨みや風味はそのまま色だけ白くておいしくキレイに仕上がって優秀。小松菜の鮮やかな色合いも活かした白みそで食卓の気分も明るくなる一杯

郵 便 は が き

料金受取人払郵便

豊島局承認

4482

差出有効期間
2025年10月
31日まで

●上記期限まで
切手不要です。

1 7 0 - 8 7 9 0

3 3 3

東京都豊島区高田3-10-11

自由国民社

愛読者カード　係 行

住所	〒□□□-□□□□　都道府県　市郡(区)		
	アパート・マンション等、名称・部屋番号もお書きください。		
氏名	フリガナ	電話	市外局番　市内局番 (　) 番号
		年齢	歳
E-mail			

どちらでお求めいただけましたか？

書店名（　　　　　　　　　　　　　　　）

インターネット　1. アマゾン　2. 楽天　3. bookfan
4. 自由国民社ホームページから
5. その他（　　　　　　　　　　　　　　）

ご記入いただいたご住所等の個人情報は、自由国民社からの各種ご案内・連絡・お知らせにのみ利用いたします。いかなる第三者に個人情報を提供することはございません。

『毎日おみそ汁３６５日』を
ご購読いただき、誠にありがとうございました。
下記のアンケートにお答えいただければ幸いです。

●本書を、どのようにしてお知りになりましたか。
□新聞広告で（紙名:　　　　　　　　　　新聞）
□書店で実物を見て(書店名:　　　　　　　　　　)
□インターネットで(サイト名:　　　　　　　　　　)
□人にすすめられて　□その他(　　　　　　　　　　)

●本書のご感想をお聞かせください。
※お客様のコメントを新聞広告等でご紹介してもよろしいですか？
（お名前は掲載いたしません）　□はい　□いいえ

ご協力いただき、誠にありがとうございました。
お客様の個人情報ならびにご意見・ご感想を、
許可なく編集・営業資料以外に使用することはございません。

三種のきのこと長ねぎ うどん入りおみそ汁

材料

- 椎茸…2個
- しめじ…1/3株
- こんにゃく…1枚（約240g）
- えのき茸…1/3株
- 酒…大さじ2
- 長ねぎ…1/2本
- 冷凍うどん…1袋
- ごま油…大さじ2
- お出汁パック
- 梅干し・七味唐辛子…お好みで適宜
- あわせみそ

作り方

❶きのこをごま油で炒めあく抜きしてスプーンでちぎった生芋こんにゃく、酒、水700〜800mℓとお出汁パックを入れ沸騰したら少し火を弱め5分程煮ます

❷レンチンして解凍した冷凍讃岐うどんと長ねぎを入れ、再び沸騰したら30秒〜1分程で火を止めておみそを約大さじ3くらい溶き入れます

❸盛り付けたらお好みで梅干しをのせ七味唐辛子などをかけて完成です

コメント 残暑の時期にきのことうどんを入れて梅干しをのせたさっぱり食べ応えのある一杯。みそ味のうどんではなくうどんは具材のひとつできのこのおみそ汁寄り

9月

手羽元とオートミールの参鶏湯風 おみそ汁

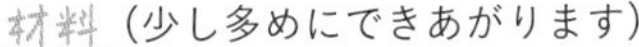

材料（少し多めにできあがります）

- 手羽元…8本
- 大根…5cm
- 生姜…1片
- にんにく…1片
- オートミール…約30g
- お好みのおみそ
- クコの実（あればより参鶏湯風。なくてもOK）

作り方

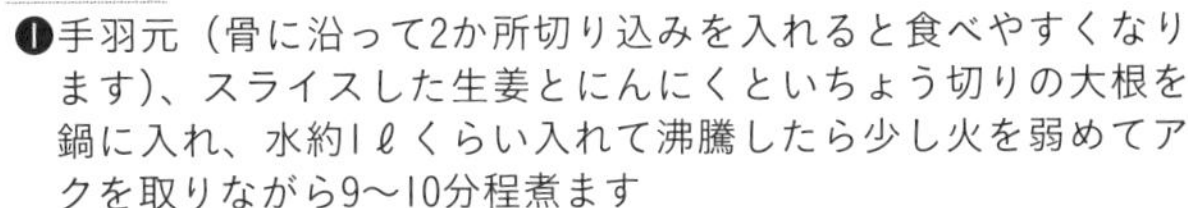

❶手羽元（骨に沿って2か所切り込みを入れると食べやすくなります）、スライスした生姜とにんにくといちょう切りの大根を鍋に入れ、水約1ℓくらい入れて沸騰したら少し火を弱めてアクを取りながら9〜10分程煮ます

❷大根が柔らかくなり鶏肉に火が通ったらオートミールを入れて約5分くらい煮ます

❸クコの実があれば水に約5分程浸して水を切り途中で入れて煮ます

❹おみそを大さじ3を目安に溶き入れて火を止めて完成です

コメント 手羽元とオートミールで参鶏湯（サムゲタン）風のおいしいごちそうおみそ汁の一杯

生秋鮭と酒粕の根菜たっぷりおみそ汁

秋を感じる鮭と根菜のほっこり食べ応えのある一杯

材料（多めにできあがります）

- 生秋鮭…2〜3切れ
- 大根…5cm
- 人参…4cm
- ごぼう…1/3本
- れんこん…1/2節
- 長ねぎ…10cm
- 椎茸…2個
- 酒粕…大さじ3（約50gくらい）
- お好みのおみそ

作り方

❶生秋鮭の身を触って当たる骨や小骨を抜いてひと口大にカットします

❷いちょう切りの大根・れんこんと半月切りの人参、ささがきごぼうとスライスした椎茸を水800mℓくらいで沸騰したら酒粕を入れて少し火を弱めて10分くらい煮ます

❸鮭を入れて約5分くらい煮て大根などの根菜類に火が通ったら長ねぎを入れます

❹おみそ大さじ3〜3.5を目安に溶き入れてグラっとひと煮立ちしたら火を止めて完成です

コメント　**秋の生鮭と酒粕でほっこりしたおいしさで盛りだくさんの根菜を食べるおかずになる一杯**

白菜とわかめのおみそ汁

材料

- 白菜…3枚分
- 乾燥わかめ…2g
- お出汁パック
- お好みのおみそ

作り方

❶お出汁が沸騰したらカットした白菜の白い芯の部分を入れて3〜4分煮ます
❷わかめとカットした白菜の葉の部分を入れて沸騰したら2〜3分で火を止めておみそを溶き入れて完成です

コメント **山盛りの白菜とわかめのおみそ汁でモリモリ食べる一杯**

冬瓜とオクラと鶏そぼろのおみそ汁

材料

- 冬瓜（皮とわたと種を取り）…約100gくらい
- オクラ…3〜4本
- 鶏ひき肉…約80g
- お出汁パック
- お好みの炒め用オイル…大さじ1
- お好みのおみそ
- 糸とうがらしなど（あれば飾り用）七味でももちろんOK

作り方

❶ひき肉をオイルで炒めカットした冬瓜もサッと炒めます
❷水600mlとお出汁パックを入れて沸騰したら少し火を弱めアクを取りながら4〜5分煮ます
❸斜め切りのオクラを入れて2〜3分煮て冬瓜が柔らかくなったら火を止めておみそを溶き入れます
❹盛り付けたらお好みで糸唐辛子をのせたり七味唐辛子などをかけて完成です

コメント **オクラを生のまま茹で煮にすると自然なとろみがついて冬瓜にぴったり。鶏そぼろに合わせて糸唐辛子をのせると少しおもてなし感のある一杯に**

芽れんこんと鶏だんごのおみそ汁

ヘルシーで食べ応えたっぷり！

9月

材料

★鶏だんご
- 鶏むねひき肉…180g
- 塩コショウ…少々
- 卵…1個
- おろした生姜と人参…各大さじ2くらい
- 小ねぎ…大さじ2
- 片栗粉…大さじ1

- 芽れんこん（小）…一節分
- お好みのおみそ…大さじ2弱
- 水…500mℓ

作り方

❶鶏だんごは鶏むねひき肉に軽く塩コショウをして溶き卵、おろした生姜と人参を加え小ねぎと片栗粉を入れよく練り混ぜます
❷水約500mℓにカットした芽れんこんを入れ沸騰したら少し火を弱め3〜4分煮ます
❸再び中火にして沸いたら①をスプーン2本でクルクル丸めて入れて煮ます
❹鶏だんごが半分顔を出していたらコロッと返して煮ます
❺火が通ったらおみそを溶き入れて火を止めて完成です

コメント　柔らかくてシャキっと食感の芽れんこんと鶏だんごを一緒に食べるおみそ汁。生姜、人参、小ねぎをむね肉の鶏だんごに混ぜて意外とヘルシーな一杯

アスパラとキャベツとちくわのおみそ汁

材料

- アスパラ（細め）…4～5本
- キャベツ…1枚
- ちくわ…2本
- お出汁パック
- お好みのおみそ

作り方

❶お出汁が沸騰したらカットしたキャベツとちくわを入れます
❷再び沸騰したら斜めにカットしたアスパラを入れサッと茹でたら、おみそを溶き入れて火を止めて完成です

コメント **アスパラはおみそ汁だとあえて細めが食べやすくておススメ。ちくわも斜めにカットでキャベツと食べ応えある一杯**

まごわやさしいおみそ汁

材料

- ま…豆（お好みのおみそ）
- ご（ごま）
- わ（わかめ）
- や…野菜（玉ねぎ、小松菜）
- さ…魚（煮干し、かつお節）
- し（しめじ）
- い…芋（長芋）
- お出汁パック

作り方

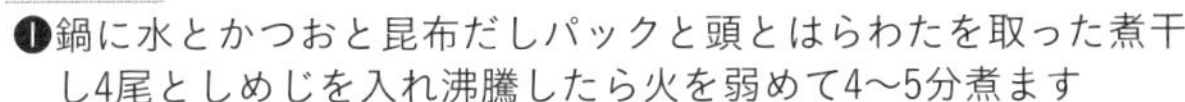

❶鍋に水とかつおと昆布だしパックと頭とはらわたを取った煮干し4尾としめじを入れ沸騰したら火を弱めて4～5分煮ます
❷スライスした玉ねぎ、カットした小松菜と乾燥わかめを入れ沸騰したら3分程煮ます
❸拍子木切りの長芋を入れて火を止めたらおみそを溶き入れます
❹盛り付けたらごまをのせて完成です

コメント **敬老の日にちなみ、バランスの良い和の食材の頭文字『まごわやさしい』を一杯のおみそ汁に。意外とムリなく、そういえば揃ってたんだという感じ**

ネバネバ食材の『まごわやさしい』おみそ汁

和の食材が揃った
バランス満点の一杯

材料（9/15参照）

- ま（ひきわり納豆・お好みのおみそ）
- ご（いりごま）
- わ（洗いもずく）
- や（モロヘイヤ・下茹で済）
- さ（かつお節、粉末煮干し）
- し…きのこ（なめこ）
- い（長芋）
- お出汁パック

作り方

❶お出汁が沸騰したらサッと下茹でしたなめこを入れて沸騰したら少し火を弱め3分程煮ます
❷洗いもずくと粉末煮干しを入れ再び沸騰したら下茹でしてカットしたモロヘイヤと薄い半月切りにした長芋を入れ火を止めておみそを溶き入れます
❸盛り付けたらひきわり納豆をのせ、いりごまをかけて完成です

コメント　バランスよく具だくさんの『まごわやさしい』のネバネバ食材バージョンで。調子に乗って第二弾。ネバネバ食材大集合でこれだけでも満腹感の一杯

鶏だんごとお月見十五夜のおみそ汁

かわいい！お月見おみそ汁

9月

材料

★鶏だんご
- 鶏むねひき肉…180g
- おろし生姜…大さじ1
- 塩麹…大さじ1　● 片栗粉…大さじ1
- 卵白のメレンゲ…大さじ2

★おみそ汁
- 里芋…2個　● レタス…1枚
- エリンギ、三つ葉…適宜
- お好みのおみそ

- 卵…2個（卵白は2個分メレンゲに・黄身は盛り付けに）

作り方

❶卵白2個分を泡立て器で泡立ててメレンゲを作ります
❷鶏だんごは鶏むね肉、おろし生姜、塩麹、片栗粉、①のメレンゲを大さじ約2杯分から半量くらいを入れて練り混ぜます（盛り付け用のメレンゲ分を残しておきます）
❸鍋に水とカットした里芋と軸を輪切りにしたエリンギを入れ沸騰したら少し火を弱め4～5分煮ます
❹少し火を強め沸騰したら②をスプーン2本で丸くして鍋に入れ煮ます
❺煮えたら火を止めておみそを溶き入れ、レタスを入れたお椀に盛り付けて真ん中にメレンゲと卵黄をのせて完成です

コメント　**お月見十五夜のおみそ汁は卵白をメレンゲにしてちょっとひと手間をかけて鶏だんごに入れてふわふわ仕立てで、さらに盛り付けでかわいいお月見のクッションにも**

ひらたけと玉ねぎと三つ葉のおみそ汁

材料

- ひらたけ…1パック
- 玉ねぎ…1/2個
- 三つ葉…適宜
- お出汁パック
- 赤みそ

作り方

❶鍋に水とお出汁パックとひらたけを入れてゆっくり中火で煮て沸騰したら、スライスした玉ねぎを入れて少し火を弱めて約5分程煮ます

❷一旦中火にして沸いたら三つ葉を入れてから火を止めておみそを溶き入れて完成です

コメント　**ひらたけ出汁スゴっ！　玉ねぎの甘みとひらたけ出汁とかつおと昆布だしの旨みに三つ葉の風味がたまらない豊かな味わいの一杯**

長ねぎと木綿豆腐と油揚げのおみそ汁

材料

- 長ねぎ…1/2本
- 木綿豆腐…200g
- 油揚げ…1枚
- お出汁パック
- お好みのおみそ

作り方

❶お出汁が沸騰したら短冊切りにした木綿豆腐とカットした油揚げを入れて、沸騰したら3分程煮ます

❷斜め細切りにした長ねぎを入れてひと煮立ちしたら火を止めておみそを溶き入れて完成です

コメント　**さっぱりして飽きのこないシンプルな組み合わせの一杯**

長芋と人参のすり流しおみそ汁

材料

- 長芋…約10cm
- 人参…約1/2本分
- お出汁パック
- お好みのおみそ
- きざみ海苔、すりごまなどお好みで

作り方

❶人参を皮ごとすりおろします。盛り付け用に少し取ります
❷皮をむいた長芋をすりおろします。縦半分にしておろすと持ちやすくておろしやすくなります
❸お出汁が沸騰したら①と②を混ぜてひと煮立ちしたら火を止めておみそを溶き入れます
❹盛り付けたらきざみ海苔やすりごま、人参のすりおろしなどをのせて完成です

9月

コメント 人参も長芋もすりおろしてかつおだしに混ぜた二色のすり流しのおみそ汁。胃腸にも優しくてとろっと喉ごしよくおいしい一杯

玉ねぎと小松菜としめじのおみそ汁

材料

- 玉ねぎ…1/2個
- 小松菜…2束
- しめじ…1/2株
- お出汁パック
- お好みのおみそ

作り方

❶鍋に水とお出汁パックを入れてしめじとスライスした玉ねぎを入れて沸騰したら、少し火を弱めて4〜5分煮ます
❷カットした小松菜を入れて再び沸騰したら30秒から1分程で火を止めて、おみそを溶き入れて完成です

コメント よく登場する具材たちも何気なくありそうでなかった組み合わせの一杯

蒸し煮で作る豚汁

9/22

蒸し煮でぎゅ〜っと旨みを凝縮した豚汁

材料

- 豚バラ肉…約220g
- 大根…8cm　● 人参…5cm
- ごぼう…1/2本
- れんこん…1/2節
- しめじ…1/2株
- こんにゃく…1枚（約240g）
- 長ねぎ…1/2本
- 生姜…1片
- 酒…大さじ2
- ごま油…大さじ2
- 赤みそ

作り方

❶ごぼうをごま油で香りが立つくらいしっかり炒め、カットした大根、人参、れんこん、しめじ、生姜を炒めます
❷カットした豚肉を広げて上にのせ酒と水200〜300mℓを入れフタをして約10分くらい蒸し煮にします。焦げないように気をつけてください
❸水500〜600mℓとスプーンでちぎって下茹でしたこんにゃくを入れて沸騰したら、アクを取りながら3〜4分煮ます
❹長ねぎを入れ再び沸騰したらおみそを溶き入れて、盛り付けたらお好みで七味唐辛子などかけて完成です

コメント 豚汁の作り方はいろいろありますが、今日は少ない水で蒸し煮にして具材の旨みをぎゅ〜っと引き出してから水を加えて煮てみました

じゃがいもと切り干し大根と油揚げのおみそ汁

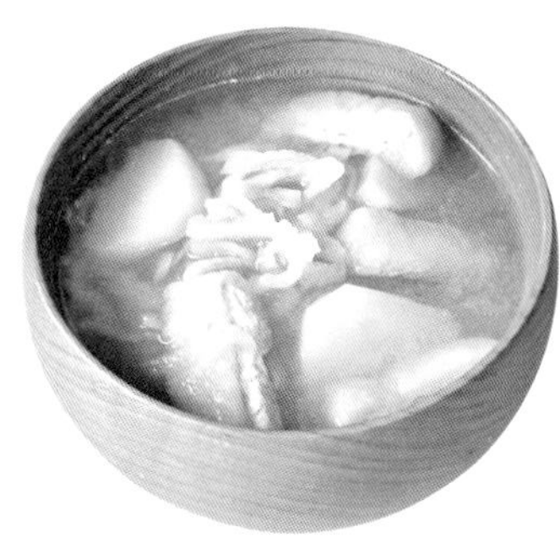

材料

- じゃがいも（中）…2個
- 切り干し大根…15～20g
- 油揚げ…1枚
- お出汁パック
- お好みのおみそ

作り方

❶鍋に水とお出汁パックと半月切りのじゃがいもとサッと水で洗ってカットした切り干し大根を入れて沸騰したら火を弱めて5～6分煮ます
❷カットした油揚げを入れて沸騰したら3分程煮ます
❸じゃがいもが柔らかくなったら火を止めておみそを溶き入れて完成です

コメント **秋のワントーンコーデのおみそ汁。油揚げのナチュラルなベージュの風合いと切り干し大根の頑張らないこなれ感。旨み上級者の秋ベージュコーデな一杯**

かいわれ大根とブナピーとわかめのおみそ汁

材料

- かいわれ大根…1/2パック
- ブナピー…1/2袋
- 乾燥わかめ…2g
- お出汁パック
- お好みのおみそ

作り方

❶鍋に水とお出汁パックとブナピーを入れて沸騰したら3～4分煮ます
❷わかめを入れて再び沸騰したら2分程煮て火を止めておみそを溶き入れます
❸盛り付けたらカットしたかいわれ大根をのせて完成です

コメント **かいわれ大根は煮込まないでいいカンタン具材のひとつですがちゃんと大根の辛みもあるお助けアイテムです**

れんこん入り秋の豚汁

材料

- 豚肉…約200g　● 大根…8cm　● 人参…5cm
- れんこん（小）…1節　● ごぼう…1/2本
- 長ねぎ…1/2本　● ごま油…大さじ1
- お好みのおみそ　● お好みで一味唐辛子など

作り方

❶長ねぎ以外の野菜をカットして豚肉とごま油で炒めてから水800mℓを入れて火にかけます
❷沸騰したら少し火を弱め、アクを取りながら10分程煮ます
❸途中で予定使用量の半分くらいのおみそを溶き入れて煮ます
❹根菜類が煮えたら長ねぎをカットして入れて仕上げのおみそを溶き入れます
❺ひと煮立ちしたら火を止めて盛り付けたらお好みで一味唐辛子をかけて完成です

9月

コメント いつもの豚汁も根菜たっぷりですが更にれんこんを入れた秋の豚汁です

ホタテとあおさとえのき茸 豆乳柚子胡椒おみそ汁

材料

- ベビーホタテ（生食用）…6〜7個
- 乾燥あおさ…約2g　● えのき茸…1/2株
- 豆乳…約150mℓ　● 生クリーム…大さじ2
- 鶏ガラ顆粒だし…小さじ2　● 柚子胡椒…小さじ1〜2
- 白みそ

作り方

❶300mℓの水でカットしたえのき茸を入れて沸騰したら少し火を弱めて3〜4分程煮ます
❷鶏ガラ顆粒だしを入れて豆乳を加え生クリームを入れたら、水で戻してよく水気を切ったあおさとベビーホタテを入れます
❸沸騰しないように加熱したら火を止めて、おみそと柚子胡椒を溶き入れます
❹盛り付けたらお好みですが更に柚子胡椒をのせて完成です

コメント あおさと柚子胡椒の風味でコクのある豆乳クリームをさっぱりと仕上げたスープ系の一杯

五種きのこと丸なすの豚汁

9/27

たっぷりきのこのとろみと旨み
しみじゅわなすがたまらない一杯

9月

材料

- 豚肉…150g
- お好みの炒め油…大さじ1〜2
- 五種きのこ（しめじ、舞茸、ひらたけ、椎茸、えのき茸）

※きのこの種類や分量はお好みで。

- 丸なす（なければ長なすでOK）…中1個
- 赤みそ
- 七味唐辛子、小ねぎ…適宜

作り方

❶鍋にオイルできのこを炒め、カットした丸なすも炒めます
❷水を入れてから豚肉を広げながら入れて中火で煮て沸騰したらアクを取り少し火を弱めて約10〜15分程煮ます
❸おみそを溶き入れて火を止めます
❹盛り付けたら七味唐辛子や小ねぎをお好みで乗せて完成です

コメント **具だくさんきのことなすの豚汁。これだけたっぷりのきのこを煮ると旨みととろみがスゴい！　食物繊維がしっかり摂れるおかずごちそう系の一杯**

うずまき麸と三つ葉とわかめのおみそ汁

材料

- 乾燥わかめ…2g
- 三つ葉…1束分
- うずまき麸…約12〜15個くらい
- お出汁パック
- お好みのおみそ

作り方

❶お出汁が沸騰したらわかめを入れて2〜3分煮ます
❷三つ葉を入れて火を止めておみそを溶き入れ最後にうずまき麸を入れて完成です

コメント **クルクルうずまきの形のお麩が楽しくて パパっとカンタンでおいしい一杯**

きくらげと玉ねぎとニラ玉のおみそ汁

材料

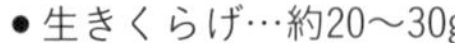

- 生きくらげ…約20〜30g
- 玉ねぎ…1/2個
- ニラ…2束　● 卵…1個
- お出汁パック
- 赤みそ

作り方

❶鍋に水とお出汁パックとスライスした玉ねぎとカットしたきくらげを入れ沸騰したら、少し火を弱め4〜5分煮ます
❷カットしたニラを入れ一旦強火で沸かして溶き卵を箸に伝わせて鍋に細く回し入れます
❸火を止めておみそを溶き入れてお玉で大きく全体を混ぜて完成です

コメント **プリっぷりのきくらげと玉ねぎの甘みが ニラ玉のかき玉汁にぴったりな一杯**

里芋の具だくさんおみそ汁

材料

- 里芋…2個　● 人参…1/3本　● 大根…5cm
- ごぼう…1/3本　● しめじ…1/2株　● 油揚げ…1枚
- 小ねぎ…適宜
- お出汁パック
- お好みのおみそ

作り方

❶鍋に水とお出汁パックといちょう切りの大根、半月切りの人参、里芋、しめじ、斜め薄切りのごぼうを入れ　沸騰したら少し火を弱め5〜6分煮ます
❷カットした油揚げを入れてさらに3分程煮ます
❸里芋や根菜類が柔らかくなったらおみそを溶き入れて火を止めます
❹盛り付けたらお好みで小ねぎなどをのせて完成です

コメント **地元のおいしい里芋の時期に具だくさんのおみそ汁で そのなめらかさ、やわらかさ、甘みを堪能する一杯**

10月

さつまいもとさつま揚げと長ねぎのおみそ汁

材料

- さつま揚げ…2枚　● さつまいも…中1/2本
- 長ねぎ…1/2本　● お好みのおみそ

作り方

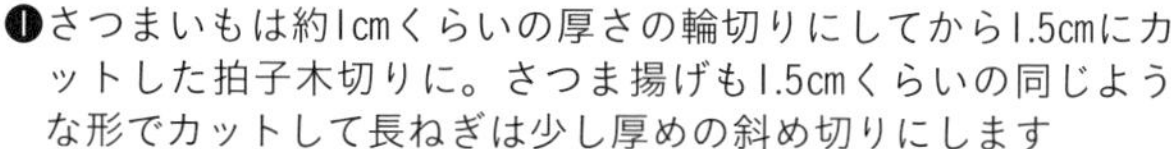

❶さつまいもは約1cmくらいの厚さの輪切りにしてから1.5cmにカットした拍子木切りに。さつま揚げも1.5cmくらいの同じような形でカットして長ねぎは少し厚めの斜め切りにします
❷カットしたさつまいもにふんわりラップをして600w約3〜4分レンチンします
❸鍋に水と②のさつまいもを入れて沸騰したら、さつま揚げと長ねぎを入れ再び沸騰したら、火を弱めて1〜2分煮たら火を止めておみそを溶き入れて完成です
※さつま揚げやさつまいもからの旨みでお出汁は使いませんでしたがお好みのお出汁で調節してください

コメント **語呂合わせだけじゃない〜！　切ったフォルムも味の相性も食感もポクっフワって 結構仲良しの組み合わせのさつまいもとさつま揚げ。長ねぎがちゃんとまとめ役**

海老と白菜とセロリのおみそ汁

材料

- 白菜…1枚
- セロリ（中）…1/2本（葉付き）
  セロリの大きさで分量は調整してください
- サラダボイル海老（生食用）…6～7本
- お出汁パック
- 白みそ

作り方

❶鍋に水とお出汁パックとカットした白菜を入れて沸騰したら火を弱めて4～5分煮ます
❷カットしたセロリと葉っぱを入れて再び沸騰したら海老を入れ、火を止めておみそを溶き入れて完成です

コメント **サラダ用のボイル海老とセロリのサラダっぽい食材を白菜と一緒にいただくあったかいおみそ汁で意外とおいしい一杯**

三種のきのことごぼうの豚汁

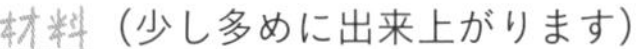
材料（少し多めに出来上がります）

- 三種きのこ（マッシュルーム・生きくらげ・しめじ）
- 豚肉三種切り落とし（肩・バラ・もも）…約180g
- ごぼう…1/3本 ● 長ねぎ青い部分…約7cm
- ごま油…大さじ1
- あわせみそ ● 酒…大さじ2

作り方

❶ごま油でごぼうを香りが立つくらい炒めてきのこも炒めます
❷豚肉も炒めて色が変わってきたら酒を入れ全体に絡めてから水700mℓ入れて煮ます
❸沸騰したら少し火を弱めアクを取りながら約7～8分程煮ます
❹斜め切りした長ねぎを入れておみそを溶き入れて火を止めて完成です

コメント **『三種類のきのこ』と『三種類の豚肉切り落とし』と『三種類の麹のあわせみそ』でとてつもない旨みとコクと深みの三拍子揃った一杯**

クリームシチュー豚汁

10/4

寒い季節に食べたくなる ほっこりクリーミーな豚汁

10月

材料

- 豚肉…120～150g
- じゃがいも…3～4個　●人参…1本
- 玉ねぎ…1個　●しめじ…1/2株
- お好みの炒め油…大さじ1
- 牛乳…200～250mℓ
- 水…約500～600mℓ　●バター…約10g
- 小麦粉…大さじ2.5～3
- 白みそ…大さじ2（36g）
- 鶏ガラ顆粒だし…小さじ2
- ブロッコリー（下茹で済）などお好みで彩りに

作り方

❶乱切りの人参、ひと口大にカットしたじゃがいもと玉ねぎとしめじをオイルで炒めます。人参など火が通りにくい具材は約3分程レンチンしてから炒めると時短になります

❷カットした豚肉も炒めて色が変わったらバターを入れ絡めて小麦粉を全体に振りかけるように入れて全体によく絡めながら炒めます

❸水を入れて人参やじゃがいもが柔らかくなるまで煮ます。焦げないように火加減や水を追加したり調整しながら煮ます

❹鶏ガラ顆粒だしを入れ、おみそを溶き入れて、牛乳を2回にわけて調整しながら入れ味を確認して、ブロッコリーなどの彩り野菜を加えて、沸騰しないように気をつけながら温めて火を止めて完成です

コメント　**ルーを使わない簡単なクリームシチュー豚汁。おみそで味を調えると発酵のさわやかな風味がチーズみたいな味わいになりコクが広がってぴったりです。寒い時期にほっこりごちそう感**

里芋と椎茸と長ねぎのおみそ汁

材料

- 里芋…2個
- 椎茸（大）…1個
- 長ねぎ…1/2本
- お出汁パック
- お好みのおみそ

作り方

❶鍋に水とお出汁パックとカットした里芋と椎茸を入れて沸騰したら火を弱めて5〜6分煮ます
❷里芋が柔らかくなったら斜め切りにカットした長ねぎを入れて再び沸いたら火を止めて、おみそを溶き入れて完成です

コメント **新潟県産の特産食材の組み合わせ。五泉の里芋（帛乙女）、肉厚な（八色の椎茸）やわ肌ねぎ…食材のおいしさを味わうのにおみそ汁が一番身近なお料理法かも**

サバ缶の具だくさんおみそ汁

材料

- サバ缶（約200g）
- 大根…5cm
- 玉ねぎ…1/2個
- 人参…5cm
- ニラ…3束
- 白菜…2枚
- ごぼう…1/3本
- 赤みそ

作り方

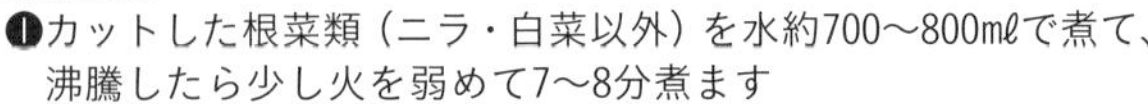
❶カットした根菜類（ニラ・白菜以外）を水約700〜800mℓで煮て、沸騰したら少し火を弱めて7〜8分煮ます
❷カットした白菜を入れて更に3〜4分煮ます
❸根菜類が煮えたらカットしたニラを入れ再び沸騰したらサバ缶の汁ごと入れて火を止めます（サバの大きい塊の身は缶の中で軽くほぐしておきます）
❹おみそ大さじ3（約60gくらい）を目安に溶き入れて全体を大きく混ぜて完成です

コメント **具だくさんのお野菜が煮えたらサバ缶の汁ごと最後に入れておみそを溶くだけでお出汁いらず！栄養バランスもいい！おかずにもなる！一杯**

キャベツと桜えびと天かす青のりのおみそ汁

お好み焼きトッピングみたい桜えび風味にやみつき

材料

- キャベツ…2〜3枚分
- 素干し桜えび…約10g
- 天かす（揚げ玉）…大さじ3〜4
- 青のり…適宜
- お好みのおみそ

作り方

❶素干し桜えびを約2分程から炒りして香ばしい香りがたったら盛り付け用に少し取り（取り出さずに全部煮てもOK）、ザクザクせん切りのキャベツをさっと炒めて水500mℓ入れ沸騰したら軽く2〜3分煮ます
❷火を止めておみそ大さじ2〜2.5くらい溶き入れます
❸盛り付けたら天かす、青のり、取り出しておいた桜えびなどをのせて完成です

コメント　たっぷりキャベツでお好み焼きみたいなトッピングのおみそ汁。素干し桜えびのお出汁がお手軽でおいしくてリピしたくなる一杯

秋なすとひらたけと長ねぎのおみそ汁

材料

- 梨なす（長なすでもOK）…2個
- ひらたけ…1パック（約140g）
- 長ねぎ…1/2本　● ごま油…大さじ2
- お出汁パック…適宜
- 赤みそ
- 七味唐辛子…適宜

作り方

❶少し厚めの半月切りにしたなすと石突を取り手で割いたひらたけをごま油で炒めます
❷水約7〜800mℓ入れ沸騰したら少し火を弱め7〜8分煮ます
❸なすが柔らかくなったら斜め切りの長ねぎを入れ再び沸騰したら火を止めて、おみそ大さじ3〜3.5を目安に溶き入れます
❹盛り付けたらお好みで七味唐辛子などをかけて完成です

コメント　**秋に収穫されたなすをごま油で炒めて作るきのこ汁がおいしい季節**
秋の大地の恵みを味わう一杯

車麩のオニオングラタンスープ風おみそ汁

材料（少し多めに出来上がります）

- 車麩（扇型カット済）…約6〜7個くらい（1人2〜3個）
- 玉ねぎ…2個　● にんにく…1片　● オリーブオイル…大さじ2
- 鶏ガラ顆粒だし…大さじ1.5　● あわせみそ
- スライスチーズ…適宜　● 黒こしょう　● 小ねぎ

作り方

❶車麩を水かぬるま湯で30分から1時間浸して戻してしっかり水分をしぼっておきます。スライスした玉ねぎを粗みじんのにんにくとオリーブオイルで10分程炒めます

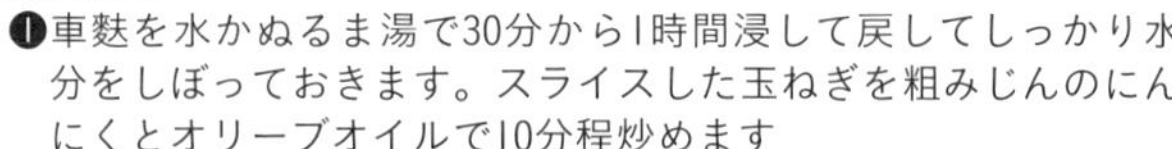

❷水800〜1000mℓで玉ねぎを煮て沸騰したら少し火を弱め鶏ガラ顆粒だしと①の車麩を入れて煮込みます
❸車麩がやわらかく煮えたらおみそを溶き入れて火を止めます
❹盛り付けたらとろけるスライスチーズや小ねぎ、黒こしょうなどをかけて完成です

コメント　**新潟名産の車麩をたっぷり炒めた玉ねぎと合わせてオニオングラタンスープ風の**
アレンジおみそ汁で、伝統的な食材が世界を旅して変身したような一杯

大根と小松菜と油揚げのおみそ汁

材料

- 大根…5cm
- 油揚げ…1枚
- 小松菜…2束
- お出汁パック
- お好みのおみそ

作り方

❶鍋に水とお出汁パックと短冊切りの大根を入れ約5分程煮ます
❷カットした油揚げを入れて約2分煮たらカットした小松菜を入れて1～2分程煮て、火を止めておみそを溶き入れて完成です

コメント **少し大きめにカットした油揚げがじゅわっと存在感。小松菜と細めの短冊切りの大根がおだやかに調和している優しい一杯**

佐渡産岩もずくとお豆腐となめこのおみそ汁

材料

- 佐渡産岩もずく（塩蔵）…約100g
- なめこ…1袋（サッと下茹で済）
- お豆腐…200g
- お出汁パック
- お好みのおみそ

作り方

❶塩蔵の岩もずくは水で流してボールに水を張り1分置き、また流してを2～3回繰り返すと塩が抜けます。沸騰した鍋に入れたらすぐにザルにあげて冷やします
❷お出汁が沸騰したらなめこを入れて少し火を弱め3～4分煮ます
❸岩もずくを入れてお豆腐を入れ再び沸いたら火を止めておみそを溶き入れて完成です

塩蔵された岩もずくは長期保存ができて、ほどよいシャキシャキの食感とほのかな磯の風味は日本海新潟が誇る名産。なめこのとろみとお豆腐との相性もぴったりな一杯

山形の芋煮風おみそ汁

材料（少し多めにできます）

- 牛肉…100g（切り落とし和牛100gでも充分）
- 里芋…3個
- 舞茸…1パック（約100g）
- こんにゃく（下茹で済）…1枚
- ごぼう…1/2本
- みりん…大さじ2～3
- 長ねぎ…1/2本
- 赤みそ

作り方

❶少し大きめのひと口大に切った里芋を水1ℓで煮始めます
❷沸騰したら舞茸、スプーンでちぎった（あく抜き済み）こんにゃく、ささがきごぼう、みりんを入れおみそを約大さじ1.5～2くらいを溶いて中火で8～10分程煮ます
❸里芋がやわらかく煮えたら斜め切りの長ねぎを入れます
❹火を弱めてひと口大にカットした牛肉を広げながら入れて色が変わり始めたら仕上げのおみそを溶き入れて再び中火にしてグラっとしたらお玉で全体を大きく混ぜて火を止め完成です

コメント 豚汁はよく作るけど牛肉をおみそ汁にあまりしたことがなかった。でもこの芋煮風で目覚めました。これ絶対アリです。山形では牛肉はお醤油味が一般的だそうですが

打ち豆と油揚げと大根菜のおみそ汁

材料

- 打ち豆…約20g
- 大根菜…2束分
- 油揚げ…1枚
- お出汁パック
- お好みのおみそ

作り方

❶鍋に水とお出汁パックとサッと表面を水で洗った打ち豆を入れて沸騰したら火を弱め、5〜6分煮ます
❷カットした油揚げを入れて3分程煮ます
❸カットした大根菜を入れて2〜3分煮て火を止めおみそを溶き入れて完成です

10月

コメント **雪国越後の『打ち豆』は伝統的な家庭料理に使われている貴重なたんぱく源。大豆をぺったんこに潰した形で水浸漬も不要で10〜15分くらいで煮える便利アイテム**

お豆腐とえのき茸とわかめのおみそ汁

材料

- お豆腐…200g
- えのき茸…1/2株
- 乾燥わかめ…2g
- お出汁パック
- お好みのおみそ

作り方

❶鍋に水とお出汁パックとカットしたえのき茸を入れて沸騰したら火を弱め3〜4分煮ます
❷わかめとカットしたお豆腐を入れて3分くらい煮たら火を止めておみそを溶き入れて完成です

コメント **みそおにぎりに合わせて定番であっさりした一杯**

かぼちゃの米粉すいとん入りおみそ汁

10/15

もっちりやわらかニョッキみたい
甘いかぼちゃの米粉すいとんは絶品

材料

★米粉すいとん

- かぼちゃ（すいとん用に皮をむいて）…100g（むいた皮や分量外のかぼちゃはおみそ汁の具として入れます）
- 米粉…50g
- ぬるま湯…50mℓ（調整してお好みの固さに）

- 大根…5cm　● 人参…5cm
- 小松菜…1束　● お出汁パック
- お好みのおみそ

作り方

❶かぼちゃ米粉すいとんは種とわたを取ってレンチン2分程で少しやわらかくしたかぼちゃの皮をむいて100g分を使います。むいた皮や少し多かったかぼちゃはおみそ汁の具として②で加え無駄なく使います。レンチン約3分してフォークでつぶし、米粉を混ぜぬるま湯を少しずつ加えて練り混ぜます

❷鍋に水600mℓ、お出汁パックと短冊切りの大根、人参を入れて沸騰したら火を弱め5分煮ます

❸かぼちゃの米粉すいとん生地をスプーンでひと口大にして沸騰した鍋に入れます

❹数分で浮き上がったらカットした小松菜を入れ3分後に火を止めおみそを溶き入れて完成です

コメント **アレンジでチーズクリームソースでかぼちゃのニョッキにも。形は作りづらいけどもっちりやわらかな仕立て**

里芋と油揚げとわかめのおみそ汁

材料

- 里芋…1個
- 油揚げ…1枚
- 乾燥わかめ…2g
- お出汁パック
- お好みのおみそ

作り方

❶鍋に水とお出汁パックとカットした里芋を入れ沸騰したら少し火を弱め4〜5分煮ます
❷カットした油揚げとわかめを入れて3分程煮て、里芋が柔らかくなったら、火を止めておみそを溶き入れて完成です

コメント　**里芋のおいしい時期だけど、あまり主張しないで、おとなしく冷静に平常心でただそこにある。そんな一杯**

さつまいも入り豚汁

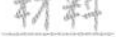

材料

- 豚肉…約180〜200g
- 大根…5cm
- 人参…5cm
- ごぼう…1/2本
- しめじ…1/2株
- さつまいも…1/2本
- 長ねぎ…適宜
- 赤みそ

作り方

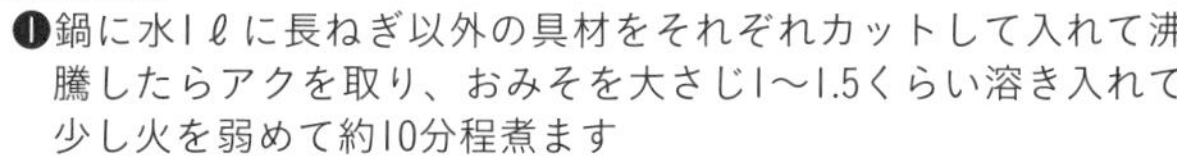

❶鍋に水1ℓに長ねぎ以外の具材をそれぞれカットして入れて沸騰したらアクを取り、おみそを大さじ1〜1.5くらい溶き入れて少し火を弱めて約10分程煮ます
❷さつまいもや大根が柔らかく煮えたら味を見て仕上げのおみそを溶き入れます
❸盛り付けたら小口切りにした長ねぎをのせて完成です

コメント　**さつまいもを入れてほっこり甘みのある豚汁。しっかり濃厚な赤みそが甘みを活かしたアシストをしてくれている一杯。先に半量のおみそを入れて煮ると味シミ効果あり**

ほうれん草と玉ねぎのおみそ汁

材料

- ほうれん草（下茹で済）…3束
- 玉ねぎ…1/2個
- お出汁パック
- お好みのおみそ

作り方

❶お出汁が沸騰したら薄めにスライスした玉ねぎを入れます
❷カットしたほうれん草を入れ再び沸いたら火を止めておみそを溶き入れて完成です

コメント　**薄めにスライスした玉ねぎと茹でて保存していたほうれん草でチャチャっと作れるおみそ汁です**

ヒラヒラ人参とレタスのおみそ汁

材料

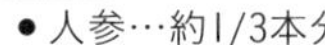

- 人参…約1/3本分
- レタス…2枚分
- お出汁パック
- お好みのおみそ

作り方

❶鍋に水とお出汁パックとピーラーで皮をむくようにヒラヒラにカットした人参を入れ、沸騰したら火を弱めて4〜5分煮ます
❷手でちぎったレタスを入れて再び沸いたら火を止めておみそを溶き入れて完成です

コメント　**ピーラーでヒラヒラにカットした人参がいい感じのシャキシャキ感。まな板も使わない時短のおみそ汁。彩り重視なら白みそ。味わい重視なら赤みそがおススメです**

もやしとキャベツの担々麺風 おみそ汁

食べ応えも栄養もたっぷり！

材料

★坦々肉みそ

- 豚ひき肉…300g ●おみそ…大さじ2
- 蜂蜜…大さじ1 ●豆板醤…小さじ2
- おろし生姜…大さじ1
- 黒こしょう、花山椒…適宜 ●ごま油

- 大豆もやし…100g ●キャベツ…100g
- ラー油 ●白髪ねぎ
- 鶏ガラ顆粒だし…大さじ1
- おろし生姜…大さじ1
- 豆板醤…小さじ2
- あわせみそ ●豆乳…200mℓ
- チンゲン菜 ●糸唐辛子

作り方

❶まずトッピングの坦々肉みそ（多めに作っていろいろ使えます）。豚ひき肉をごま油で炒め、調味料を加えて絡めておきます

❷もやしとザクザクせん切りキャベツをごま油でサッと炒め、水600mℓ入れて沸騰したら、鶏ガラ顆粒だし、おろし生姜、豆板醤を入れ3分程煮ます。途中で小さいチンゲン菜を入れて茹でて取り出しておきます

❸おみそ大さじ2〜2.5を溶き入れて豆乳を入れ沸騰しないように加熱して火を止めます

❹器に盛ったら、坦々肉みそ、チンゲン菜、白髪ねぎ、ラー油、糸唐辛子などのせて完成です

コメント 麺を大豆もやしとキャベツに変えてヘルシーで満足感のある担々麺風の一杯

じゃがいもとちくわと舞茸のおみそ汁

材料

- じゃがいも（中）…1個
- 舞茸…約100g
- ちくわ…2本
- お出汁パック
- 赤みそ

作り方

❶鍋に水とお出汁パックと半月切りのじゃがいもと手で割いた舞茸を入れて、沸騰したら少し火を弱めて5〜6分くらい煮ます
❷斜め切りしたちくわを入れてじゃがいもが柔らかくなったら火を止めて、おみそを溶き入れて完成です

コメント **じゃがいもと舞茸の旨みが濃厚でおつゆの色が黒くなりますが赤みそを使うと旨みも色もぴったりです**

わかめとお豆腐と油揚げのおみそ汁

材料

- 乾燥わかめ…2g
- お豆腐…200g
- 油揚げ…1枚
- お出汁パック
- お好みのおみそ

作り方

❶お出汁が沸騰したらカットした油揚げとわかめを入れて3分程煮ます
❷カットしたお豆腐を入れておみそを溶き入れて火を止めて完成です

コメント **ベストオブ定番　人気具材の組み合わせ。やっぱりこのメンバーの安心感**

10
月

オートミールとトマトジュースのみそ雑炊

材料

- オートミール…60g　● 水…300mℓ　● えのき茸…1/2株
- 鶏ガラ顆粒だし…小さじ2
- トマトジュース（無塩）…200mℓ
- あわせみそ…大さじ2
- トッピングに茹でたほうれん草や小松菜
- 酒蒸しした鶏のささみなどお好みで

作り方

❶鍋に水とオートミールと短めにカットしたえのき茸を入れて沸騰したら弱火で2～3分煮ます
❷オートミールがふっくらトロっとしたらトマトジュース、鶏ガラ顆粒だしを入れ1～2分程火にかけます
❸おみそを溶き入れて火を止め数分蒸らします
❹盛り付けたらお好みのトッピングをのせて完成です

コメント **オートミールとトマトジュースで短時間でできる簡単でおいしいみそ雑炊。ヘルシーでお腹にも優しい一杯**

じゃがいもと玉ねぎとわかめのおみそ汁

材料

- じゃがいも（中）…1個
- 玉ねぎ…1/2個
- 乾燥わかめ…2g
- お出汁パック
- お好みのおみそ

作り方

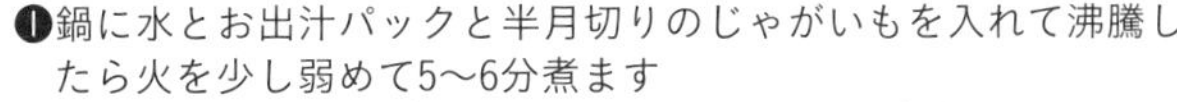

❶鍋に水とお出汁パックと半月切りのじゃがいもを入れて沸騰したら火を少し弱めて5～6分煮ます
❷スライスした玉ねぎとわかめを入れ3分くらい煮ます
❸じゃがいもが柔らかくなったら火を止めておみそを溶き入れて完成です

コメント **じゃがいものおみそ汁が苦手な方、ご家族にいませんか。人気でもあるのに逆に。盛り付ける時入れない気遣いですよね。旨みのお出汁は出ているからせめておつゆだけでも**

もやしと三つ葉のおみそ汁

材料

- もやし（下茹で済）…1/2袋分
- 三つ葉　適宜
- お出汁パック
- お好みのおみそ

作り方

❶お出汁が沸騰したら下茹でしたもやしと、カットした三つ葉を入れます
❷再び沸いたら火を止めておみそを溶き入れて完成です

コメント　サッと下茹でしておいたもやしとカットしておいた三つ葉で煮込まないでサッとできるおみそ汁です。下茹でするともやし特有の青臭さが気になりません

お豆腐と油揚げと長ねぎのおみそ汁

材料

- お豆腐…200g
- 油揚げ…1枚
- 長ねぎ…1/3本
- お出汁パック
- お好みのおみそ

作り方

❶お出汁が沸騰したらカットした油揚げを入れて3分煮ます
❷カットしたお豆腐と長ねぎを入れて再び沸いたら火を止めておみそを溶き入れて完成です

コメント　油揚げと長ねぎの相性バツグンでさらにお豆腐ともぴったり。ご想像通りの安心できるおいしさの一杯

鶏肉とかぶとかんずりのおみそ汁

絶品！『かんずり』のピリ辛おみそ汁

10月

材料

- 鶏肉…約150g
- かぶ（小〜中）…2個（葉つきなら葉も使います）
- お出汁パック
- お好みのおみそ
- かんずり…適宜（なければ豆板醤や七味唐辛子でもお好みで）

作り方

❶鍋に水とお出汁パックとひと口大の鶏肉を入れて沸騰したら少し火を弱めて4〜5分煮ます
❷かぶの茎と葉の部分をカットしておきます。皮をむいた（皮付きのままでも食べられます）かぶをくし切りになるように大きさによりますが縦に6か8等分にカットします
❸アクを取った鍋にかぶを入れて4〜5分程煮ます。かぶが柔らかくなったらかぶの葉の部分を入れておみそを溶き入れてひと煮立ちしたら火を止めます
❹盛り付けたらかんずりをのせて完成です

コメント **新潟が誇る伝統唐辛子発酵調味料『かんずり』をのせて鶏肉とかぶのおみそ汁に旨ピリ辛なアクセントの一杯**

あおさとしらすのおみそ汁

材料

- 乾燥あおさ…約2g
- しらす…約大さじ2
- お出汁パック
- お好みのおみそ

作り方

❶お出汁が沸騰したらおみそを溶き入れます
❷水で戻して水を切ったあおさを鍋に入れ全体をお玉で混ぜたらすぐ盛り付けます
❸しらすをのせて完成です
※あおさはお椀に入れておき熱々のおみそ汁をかける方法もあります

10月

コメント あおさとしらすでお出汁はかつおと昆布
小さな海の世界がこのひと椀に

キャベツと木綿豆腐のキムチ豚汁

材料

- 豚肉…170g　● 木綿豆腐…200g
- キャベツ…2〜3枚　● 鶏ガラ顆粒だし…小さじ1
- おろし生姜…大さじ1　● 豆板醤…小さじ2
- キムチ…約30〜40g　● ごま油…大さじ1
- あわせみそ　● 小ねぎ　● 生姜

作り方

❶豚肉をごま油で炒め、ザクザクせん切りキャベツも炒めてから水を入れ沸騰したら、アクを取り少し火を弱め鶏ガラ顆粒だしとおろし生姜を入れて3分程煮ます
❷短冊切りにした木綿豆腐を入れて豆板醤を溶き入れ沸騰したら火を止めておみそを溶き入れます

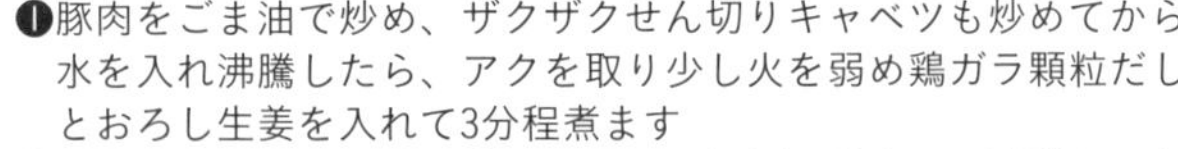

❸盛り付けたらお好みの量のキムチをのせて小ねぎ、針生姜をのせて完成です

コメント 豆板醤とおろし生姜の辛みのおつゆで山盛りキャベツを食べるおみそ汁。
キムチは火を通さない。豚キムチが食欲アップで身体の中からポカポカな一杯

かぼちゃと鶏だんご 餃子の皮のほうとう風おみそ汁

モチモチ食感の餃子の皮とかぼちゃがぴったり

10月

材料

★鶏だんご
- 鶏むねひき肉…150g
- 卵…1個
- 片栗粉…大さじ1

- しめじ…1/2株
- かぼちゃ…約80g
- 長ねぎ…1/3本
- 餃子の皮…3〜4枚
- 小ねぎ…適宜
- お出汁パック
- 赤みそ

作り方

❶鍋に水とお出汁パックとカットしたかぼちゃ、しめじを入れて沸騰したら少し火を弱めて5〜6分煮ます
❷中火にして鶏むねひき肉、卵、片栗粉を混ぜた鶏だんご種をスプーンを両手に持って丸くして鍋に入れて煮ます
❸鶏だんごが煮えたら餃子の皮を縦に4等分にカットして鍋に入れます
❹長ねぎを入れておみそを溶き入れて火を止めます
❺盛り付けたら小ねぎをのせて完成です

コメント **ハロウィンのかぼちゃメニューのおみそ汁。**
餃子の皮のほうとう風はサッと火が通ってモチモチ食感が煮溶けたかぼちゃにぴったり

かぼちゃとれんこんのドクロカレーみそスープ

ちょっとハロウィン気分！
鶏肉とかぼちゃと
カレーのみそスープがベストマッチ

10月

材料

- 鶏肉…約180～200g
- かぼちゃ…約80g
- れんこん（中）…1/2個
- 玉ねぎ…1/2個
- にんにく…1片
- カレー粉…大さじ1
- 豆乳…100mℓ
- お好みのおみそ…大さじ1.5～2
- 水…400～500mℓ
- 茹でたインゲンなど彩りに

作り方

❶水で鶏肉とスライスしたにんにくを煮て沸騰したらアクを取りカレー粉を入れます
❷玉ねぎ、かぼちゃ、れんこんを入れて沸騰したら少し火を弱め6～7分煮ます
❸かぼちゃが柔らかく煮えたら一旦火を止めておみそを溶き入れ豆乳を入れて、再び沸騰しないように温めたら火を止めます
❹盛り付けはれんこんのドクロを探して上にのせ、彩りのインゲンなどをのせて完成です

コメント **れんこんでドクロみたいな形にしてちょっとハロウィン気分。鶏肉とかぼちゃの豆乳カレーみそスープで楽しくおいしいごちそうの一杯**

牡蠣と長ねぎのおみそ汁

材料

- 牡蠣…7〜8個　● 長ねぎ…1本
- 赤みそ

作り方

❶ボールに水約200〜300mℓに小さじ1〜2くらいの塩を溶かして牡蠣を優しくヒダヒダのところなどの汚れも取るようにフリフリして洗い、そのあと流水で洗い流します
❷鍋に水を入れ火にかけフツフツしてきたら牡蠣を入れて火にかけます
❸沸騰したら少し火を弱めて中火でユラユラくらいの火加減で5〜6分程加熱します。大きさによりますが中心までしっかり火を通してください
❹途中で斜め切りの長ねぎを入れ煮て、牡蠣に火が通ったら火を止めておみそを溶き入れて完成です

コメント **大粒の旨みが濃厚な牡蠣を長ねぎと合わせておみそ汁に。牡蠣の旨みも栄養素もおみそ汁で無駄なくすべていただきます**

ヤーコンと油揚げと小松菜のおみそ汁

材料

- ヤーコン…1/2本
- 油揚げ…1枚
- 小松菜…1束
- お出汁パック
- お好みのおみそ

作り方

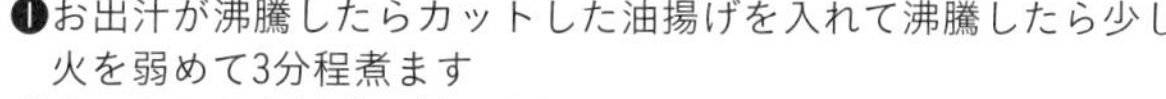

❶お出汁が沸騰したらカットした油揚げを入れて沸騰したら少し火を弱めて3分程煮ます
❷カットした小松菜と拍子木切りのヤーコンを入れ再び沸騰したら1分程で火を止めて、おみそを溶き入れて完成です

コメント **ヘルシー食材の『ヤーコン』は茶色いさつまいもみたいな形で食感はシャリシャリっとまるで梨。お芋の仲間なのにでんぷん質がほとんどなくオリゴ糖と食物繊維豊富。おみそ汁にぴったりの具材**

根菜ときのこ キムチのせ豚汁

11/3

キムチが最高！
食物繊維モリモリ豚汁

材料

- 豚肉…約200g
- れんこん（小）…1節
- 大根…7cm
- 人参…5cm
- ごぼう…1/2本
- しめじ…1/2株
- 椎茸…2個
- エリンギ…2本
- 生姜…1片
- キムチ…30〜40g
- 小ねぎ…適宜
- 赤みそ

作り方（多めに出来上がります）

❶鍋に根菜ときのこと生姜をカットして入れ、水800mℓ〜1ℓを入れたら、上に豚肉を広げて入れ水から煮て沸騰したら少し火を弱めてアクを取りながら約10分煮ます
❷根菜類が煮えたら火を止めておみそを溶き入れます
❸盛り付けたらお好みでキムチをのせて完成です

コメント 根菜ときのこの具だくさん豚汁にキムチをのせて
食物繊維をモリモリ食べる一杯

わかめと揚げ玉と長ねぎのおみそ汁

材料

- 乾燥わかめ…2g
- 揚げ玉（天かす）…大さじ3〜4
- 長ねぎ…1/3本
- お好みで七味唐辛子
- お出汁パック
- お好みのおみそ

作り方

❶しっかり濃いめのお出汁が沸騰したらわかめを入れて2分煮たら、火を止めておみそを溶き入れます

❷器に盛ったら、お好みで揚げ玉、小口切りの長ねぎ、七味唐辛子などをのせて完成です

コメント　うどんやおそばにのっているみたいな
麺はないけどそれっぽい一杯

冷凍焼売と白菜とニラのおみそ汁

材料

- 冷凍焼売…4個（1人2個）
- 白菜…2枚分　● ニラ…3束
- 生姜スライス…1片（あとのせ用せん切り約15g）
- 鶏ガラ顆粒だし…小さじ1　● 水…500mℓ
- あわせみそ

作り方

❶水500mℓが沸騰したらスライスした生姜とカットした白菜の芯の部分と冷凍のままの焼売を入れて煮ます

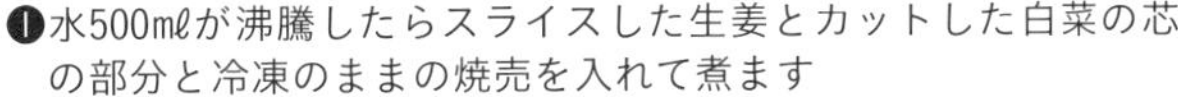

❷2分煮たらカットした白菜の葉の部分と鶏ガラ顆粒だしを入れて、再び沸騰したら火を弱め約2〜3分程煮ます

❸冷凍焼売に箸をさしてやわらく火が通ったらカットしたニラを入れ、おみそを大さじ1.5くらい溶き入れて火を止めて、盛り付けたらせん切り生姜をのせて完成です

コメント　冷凍焼売をおみそ汁の具に。白菜やニラや生姜をきかせて
バランスのいい中華風のおかずの一杯

わかめと油揚げと木綿豆腐のおみそ汁

材料

- 乾燥わかめ…2g
- 油揚げ…1枚
- 木綿豆腐…200g
- お出汁パック
- お好みのおみそ

作り方

❶お出汁が沸騰したらカットした油揚げを入れて3分程煮ます
❷カットしたお豆腐とわかめを入れて2分程煮たら火を止めておみそを溶き入れて完成です

コメント ザ・定番のおみそ汁。この安心感

かぼちゃと玉ねぎとひよこ豆の豆乳おみそ汁

材料

- かぼちゃ…約80g
- 玉ねぎ…1/2個
- ひよこ豆（水煮缶）…約100g
- 豆乳…150～200mℓ
- あわせみそ

作り方

❶鍋に水500mℓとカットしたかぼちゃとくし切りの玉ねぎと、缶を開けザルで水気を切ったひよこ豆を入れて沸騰したら少し火を弱めて約8分くらい煮ます
❷かぼちゃが柔らかくなるまで煮たらおみそを大さじ2～2.5くらい溶き入れて、お好みの濃さに調整しながら豆乳を入れて、沸騰しないように温めて火を止めて完成です

かぼちゃとひよこ豆と豆乳であえてお出汁やスープの素などは入れないで自然な甘みが味わえる優しいみそスープ系の一杯

大根と人参と椎茸のおみそ汁

材料

- 大根…10cm
- 人参…5cm
- 椎茸…2個
- お出汁パック
- お好みのおみそ

作り方

❶鍋に水700〜800mℓとお出汁パックと短冊切りの大根と人参とカットした椎茸を入れ、沸騰したら少し火を弱め、おみそを大さじ1〜1.5くらい溶き入れて8〜10分くらい煮ます

❷大根が柔らかく煮えたら火を止めて、味見をして仕上げのおみそをお好みの分量溶き入れて完成です

コメント **大根を味シミにするには先におみそを半量溶いて煮て最後に仕上げ用のおみそを溶き入れると風味も良く大根に味も染み込みます。数時間置いて染み込ませる時間のないときに**

白菜とわかめと生姜の豚汁

材料

- 豚肉…120g　● 白菜…約3枚分
- 乾燥わかめ…約2g　● 生姜…適宜
- 水…約700〜800mℓ
- 酒…大さじ1
- お出汁パック
- お好みのおみそ…大さじ約2.5〜3

作り方

❶白菜を白い芯の部分と葉っぱに分けてカットして、鍋に芯の部分とお出汁パックとスライスした生姜に水を入れ、カットした豚肉をゆらゆら泳がせるように広げて入れてから火にかけます

❷沸騰したらアクを取り、酒を入れて約5分程煮ます

❸乾燥わかめと白菜の葉っぱの部分を入れて約3〜4分程煮たら火を止めて、おみそを溶き入れて完成です

コメント **豚肉が入ればなんだって豚汁！ 煮込まないでいいし、材料をいっぱい切らなくてもいいし、頑張らないけどおいしい豚汁**

白舞茸と油揚げと三つ葉のおみそ汁

キレイな見た目と味のハーモニー

材料

- 白舞茸…1パック
- 油揚げ…1枚
- 三つ葉…適宜
- お出汁パック
- お好みのおみそ

作り方

❶鍋に水とお出汁パックと食べやすい大きさに割いた白舞茸を入れて火にかけて煮ます

※きのこ類は水からゆっくり煮ると旨みがぐんと引き出されます

❷沸騰したらカットした油揚げを入れて少し火を弱め4〜5分くらい煮ます

❸再び中火にして沸いたらカットした三つ葉を入れて火を止めておみそを溶き入れて完成です

白い舞茸は風味や旨みは舞茸そのもので色だけ白くてキレイに仕上がる便利食材。チャキっとした白舞茸の食感と旨みが三つ葉と油揚げによく合って落ち着いて味わえる一杯

なすの揚げびたし風 おみそ汁

材料

- 長なす…2本
- おろし生姜…大さじ2
- お出汁パック
- お好みの炒め油…大さじ3〜4
- お好みのおみそ
- 小ねぎ…適宜

作り方

❶長なすを縦に半分、長さを2〜3等分して皮面に斜め格子状に隠し包丁を入れます
❷油を熱してなすを皮面から素揚げ炒めします
❸別の鍋でお出汁パックを煮出して沸騰させて②のなすを入れます。沸騰がポイント
❹間もなく火を止めておみそを溶き入れます
❺盛り付けたらすりおろした生姜や小ねぎをのせて完成です

コメント **なすのおつゆが黒くならない解決方法の糸口が見えた実証の一杯。なすを素揚げ炒めして沸騰したお出汁に入れます。おろし生姜とじゅわ〜とろ〜のなすがぴったり**

大根となめこと小ねぎのおみそ汁

材料

- なめこ…1袋
- 大根…5cm
- 小ねぎ
- お出汁パック
- お好みのおみそ

作り方

❶鍋に水とお出汁パックとせん切りの大根を入れ沸騰したら少し火を弱め4〜5分煮ます
❷サッと下茹でしたなめこを入れて3〜4分煮ます
❸火を止めておみそを溶き入れ、盛り付けたら小ねぎをのせて完成です

コメント **せん切り大根となめこを合わせてどこか懐かしい一杯**

きざみ冷凍えのきともち麦のみそ雑炊

材料

- 冷凍保存したえのき茸…約80g
- もち麦ごはん…140g
- お出汁パック
- あわせみそ…大さじ2

作り方

❶鍋に水500㎖とお出汁パックを入れ、1cmにカットして冷凍保存したえのき茸を入れて5分煮ます
❷もち麦と白米を半量ずつで炊いたごはんを入れて弱火で3〜4分程煮ます
❸お好みの状態になったら火を止めておみそを溶き入れて5〜10分程蒸らすとふっくら仕上がります
❹盛り付けたら三つ葉や梅干しなどをお好みでのせて完成です

コメント **細かく刻んだえのき茸を冷凍保存してもち麦のみそ雑炊に入れたヘルシーで胃腸もリセットできる優しい一杯**

せん切りキャベツとしめじの豚汁

材料

- 豚バラ肉（カットしてある焼肉用）…約120g
- キャベツ…3枚
- しめじ…1/2株
- お好みのおみそ

作り方

❶豚バラ肉をサッと炒めて水600㎖入れてしめじと一緒に煮ます
❷沸騰したらアクを取りながら4〜5分程煮てせん切りキャベツを入れます
❸再び沸騰したら火を止めておみそを溶き入れます
❹盛り付けたら七味唐辛子などをかけて完成です

コメント **山盛りのせん切りキャベツとしめじだけでもちゃんと豚汁に。ササっとできるおかずになる一杯**

じゃがいもと玉ねぎのコーンバターおみそ汁

材料

- じゃがいも…2個
- 玉ねぎ…1/2個
- コーン缶
- バター…適宜
- お出汁パック
- お好みのおみそ

作り方

❶じゃがいもと玉ねぎは小さめのひと口大にカットします
❷鍋に水とお出汁パックと①を入れて沸騰したら少し火を弱めて4〜5分煮ます
❸じゃがいもが柔らかく煮えたら火を止めおみそを溶き入れます
❹盛り付けたら、缶を開けて汁を切ったコーンとバターをお好みの分量のせて完成です

コメント **じゃがいも×コーン×バター×おみそ　この方程式は間違いない答えが出せます。じゃがいもと玉ねぎは小さめのひと口大に。コーンとバターはお片付けを考えて後のせで**

長芋と油揚げと小松菜のおみそ汁

材料

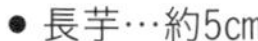

- 長芋…約5cm
- 小松菜…1束
- 油揚げ…1枚
- お出汁パック
- お好みのおみそ

作り方

❶お出汁が沸騰したら、カットした油揚げを入れ約3分程煮ます
❷カットした小松菜を入れ2〜3分煮たら火を止めます
❸短冊切りの長芋を入れておみそを溶き入れて完成です

コメント **長芋と小松菜でさっぱり系のおみそ汁。長芋を短冊切りにして油揚げや小松菜の茎もなんとなく同じような形**

芽れんこんのすり流しおみそ汁

材料

- 芽れんこん（小）…2節
- お出汁パック
- お好みのおみそ

作り方

❶鍋に水とお出汁パックと飾り付け用に薄くスライスした蓮根数枚を入れ沸騰したら4～5分煮ます
❷一旦スライスした蓮根を取り出してすりおろしたれんこんを鍋に入れ、全体をゆっくり混ぜながら中火で火を入れ、沸騰したら火を止めておみそを溶き入れます
❸盛ったら飾り付け用にあらかじめ煮たスライスした蓮根をのせて完成です

コメント　11月17日は『れんこんの日』すりおろしたれんこんをおみそ汁に入れてとろみのあるおつゆとシャキシャキのダブル食感で蓮根を楽しむ一杯

ほうれん草と長芋のおみそ汁

材料

- 長芋…約6～7cm
- ほうれん草（下茹で済）…3束
- お出汁パック
- お好みのおみそ

作り方

❶お出汁が沸騰したら火を止めて半月切りの長芋を入れておみそを溶き入れます
❷器に盛り下茹でしてカットしたほうれん草をのせて完成です

コメント　煮込まない2種類の具材でサッとできる一杯

里芋となめこと長ねぎのおみそ汁

里芋となめこのとろみで
やさしく包まれるような安心感

11月

材料

- 里芋…3個
- なめこ…1袋
- 長ねぎ…1/2本
- お出汁パック
- お好みのおみそ

作り方

❶鍋にお出汁パックとひと口大にカットした里芋を水から火にかけ沸騰したら少し火を弱めて煮ます
❷里芋が柔らかくなったらなめこを入れて吹きこぼれないように注意して約3〜4分煮ます
❸斜め切りの長ねぎを入れて1〜2分煮て火を止めておみそを溶き入れて完成です

コメント **里芋の柔らかくなめらかな食感となめこのとろみがよく合ってほっこりおいしい一杯**

長崎ちゃんぽん風 おみそ汁

11/20

栄養バランス満点！
この一杯だけでいいごちそう感

材料

- シーフードミックス…150g（エビ、イカ、ホタテ）
- 豚肉…150g
- キャベツ…2枚
- もやし…1/2袋
- 人参…1/3本
- 生きくらげ…30g
- かまぼこ…適宜
- にんにく…1片
- 酒…大さじ1
- 牛乳…150〜200mℓ
- 鶏ガラ顆粒だし…小さじ1
- お好みのおみそ…大さじ2〜2.5
- お好みの炒め油
- オイスターソース…大さじ1
- 水…600mℓ

作り方

❶シーフードミックスを塩水で30分〜1時間解凍します（塩水は水200mℓ塩小さじ1）。海水と同じ濃度の塩水で旨みを逃がさずに臭みが抑えられます。水気を取って酒をかけておきます

❷にんにくのみじん切り、カットした豚肉、人参、きくらげ、もやしを炒め①と水を入れて煮ます

❸沸騰したらアクを取りながら3〜4分煮て、鶏ガラ顆粒だし、オイスターソース、かまぼこを入れ、ザク切りのキャベツを入れ2分程煮たらおみそを溶き入れ、牛乳を入れて味を調整し沸騰しないように温めたら火を止めて完成です

コメント **シーフードミックスとキャベツで長崎ちゃんぽん風の一杯。ヘルシーでおいしい具だくさんのごちそうおみそ汁**

芋煮のおみそ汁

材料

- 里芋…3個　●舞茸…100g
- ごぼう…1/2本　●こんにゃく…1枚
- 長ねぎ…1本　●牛肉…120g
- みりん…大さじ2
- 赤みそ

作り方

❶鍋に水700mℓと大きめにカットした里芋を入れ沸騰したら火を少し弱め6〜7分程煮ます
❷みりん、ごぼう、舞茸、こんにゃくを入れさらに5〜6分煮ます
❸里芋が柔らかくなったら長ねぎを入れ牛肉を入れて色が変わったら、おみそを溶き入れて火を止めて完成です

コメント　**ゴロっと大きくてねっとり柔らかい里芋と牛肉とごぼうと舞茸の旨みがおいしいごちそうおみそ汁**

お豆腐とうずまき麩とわかめのおみそ汁

材料

- お豆腐…200g
- 乾燥わかめ…2g
- うずまき麩…10〜12個くらい
- お出汁パック
- お好みのおみそ

作り方

❶お出汁が沸騰したらわかめとカットしたお豆腐を入れて2〜3分煮たら、火を止めておみそを溶き入れます
❷うずまき麩をそのままパラパラと入れて完成です

コメント　**いい夫婦（ふ〜ふ〜）のおみそ汁。『おとうふ〜』と『おふ〜』でふ〜ふ〜しながら何気ないあったかいおみそ汁でシアワセを分かち合える一杯**

小松菜としめじとわかめのおみそ汁

11/23

改めて和食ごはんを見直す一杯のおみそ汁

11月

材料

- 小松菜…2束
- しめじ…1/2株
- 乾燥わかめ…2g
- お出汁パック
- お好みのおみそ

作り方

❶鍋に水とお出汁パックとしめじを入れて沸騰したら少し火を弱め3〜4分煮ます
❷カットした小松菜とわかめを入れて約3分程煮ます
❸火を止めておみそを溶き入れて完成です

コメント 明日11月24日は和食の日。改めて和食を見直して和食ごはんの毎日の食卓にある一杯のおみそ汁

海老しんじょ風 おみそ汁

和食の美しさを学ぶ
懐石料理風に仕上げた一杯

材料

- 大和芋…120g
- サラダ海老（生食用）…4～5尾
- お出汁パック
- 白みそ
- 飾り用に三つ葉、柚子、大根・人参（約10cmの細切りマッチ棒くらいの太さが目安）

作り方

❶大和芋をすりおろしサラダ海老を細かく刻んで混ぜます。大和芋はおろしてもサラサラしていないので片栗粉などのつなぎはなくてもOK。長芋などはつなぎで調整してください

❷鍋に水とお出汁パックを入れて煮出したら①をスプーン二つで丸めて入れます

❸お出汁パックを煮出す時に飾り付け用の細切りにした大根と人参を水から一緒に煮て取り出します。相生（あいおい）結びはつの字で左右絡め右上にある方を下から絡めて優しく引きます

❹おみそを溶き入れて器に盛ったら柚子の皮、三つ葉、相生結びの大根人参をのせて完成です

コメント **和食の日　懐石料理で煮物椀の海老しんじょをおみそ汁で。**
和食文化の美しさを意識して大根と人参の『相生（あいおい）結び』をのせて

もつ煮

11/25

味しみ大根のもつ煮
おうち居酒屋のメニューにも！

材料

- 豚白モツ（下処理済）…250〜300g
- 大根…15cm
- 人参…1本
- 生姜
- こんにゃく…1枚
- お出汁パック
- 酒…大さじ2
- みりん…大さじ1
- 赤みそ

作り方

❶豚白モツとスライスした生姜を水1〜1.2ℓくらいで煮て沸騰したらアクを取り、お出汁パックとスプーンでちぎって下茹でしたこんにゃく、少し厚めいちょう切りの大根、半月切りの人参、酒、みりん、大さじ2〜2.5くらいのおみそを溶き入れ約1時間程コトコト煮ます
❷火を止めて放置して一旦冷まして染み込ませます
❸食べる時再び火を入れ仕上げのおみそを溶き入れて盛り付けたら長ねぎや七味をかけて完成です

コメント **ゆっくりコトコト煮込んで味しみ大根のもつ煮。下処理済のモツを煮込むだけで臭みもなく柔らかいおかずの一杯**

小松菜とえのき茸と溶き卵のおみそ汁

11月

材料

- 小松菜…1束
- えのき茸…1/2株
- 卵…1個
- お出汁パック
- 白みそ

作り方

❶鍋に水とお出汁パックとえのき茸を入れ水から5分程煮ます
❷小松菜を入れて1〜2分煮て一旦少し火を強めて沸いたら、溶き卵を箸に伝わせて細く回し入れて火を止めます
❸おみそを溶き入れて全体を大きく混ぜて完成です

コメント **細かめにカットした小松菜と、水から煮たえのき茸の少しとろみのある旨みにふんわり溶き卵の優しい甘みのある一杯**

すりおろしリンゴ入り豚汁

- 豚肉…約200g
- 大根…8cm　● 人参…5cm
- ごぼう…1/3本　● しめじ…1/2株
- セロリ…6cm
- リンゴ…皮つき1/4くらい
- お好みの炒め…油大さじ1
- 赤みそ

作り方

❶豚肉を炒めてカットした大根、人参、ごぼう、しめじと水を入れ煮ます。沸騰したらアクを取り、少し火を弱め10〜15分程煮ます
❷スライスしたセロリを入れてすりおろしたリンゴを入れて、再び沸いたらおみそを溶き入れて完成です

いつもの豚汁にすりおろしたリンゴを入れるとさわやかな酸味もプラスされて旨みに深みが増した気が。リンゴを隠し味として（写真ではわかりやすくリンゴのすりおろしとスライスを後のせにしています）

もやしとわかめと生姜のおみそ汁

材料

- もやし…1/2袋　● 乾燥わかめ…2g
- おろし生姜…大さじ2　● ごま油…大さじ2
- 黒こしょう…適宜
- いりごま…適宜
- 鶏ガラ顆粒だし…小さじ2
- 赤みそ

作り方

❶もやしをごま油で炒め水とわかめとおろし生姜を入れて煮ます
❷沸騰したら鶏ガラ顆粒だしを入れておみそを溶き入れます
❸盛り付けたらさらにおろし生姜や黒こしょうやいりごまなどをお好みでかけて完成です

11月

コメント **生姜×ごま油×鶏ガラ顆粒だし×おみそ。この方程式の答えは『もやし味噌ラーメン』。生姜と胡椒で体の中からぽかぽかな一杯**

鍋もの翌日のおみそ汁

材料

- 白菜、焼き豆腐、長ねぎ（前日の鍋ものの残り）
- 春菊、椎茸
- お好みのおみそ

作り方

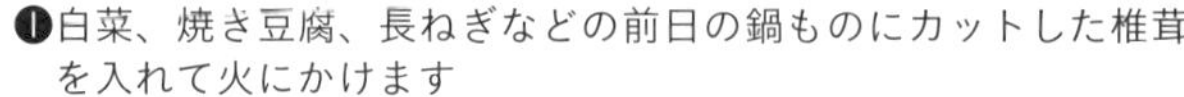

❶白菜、焼き豆腐、長ねぎなどの前日の鍋ものにカットした椎茸を入れて火にかけます
❷カットした春菊を入れて3〜4分煮たらおみそを溶き入れて完成です

コメント **11月29日　いい肉の日に肉はなく。いい福（29）の日（勝手に命名）残り物には福来る。昨晩の鍋の残りで作るおみそ汁。シメないで翌朝の一杯が正解**

ひよこ豆のみそミネストローネ風 おみそ汁

動物性食材もオイルも使わない
味覚も身体もリセットする一杯

材料

- 玉ねぎ…1/2個
- じゃがいも…1個
- キャベツ…2枚
- 人参…1/3本
- ミニトマト…3〜4個
- にんにく…1片
- ひよこ豆水煮缶…100g
- トマトジュース（無塩）…200mℓ
- 水…300mℓ
- あわせみそ…大さじ1.5〜2

作り方

❶お野菜はさいの目に細かくカットします。ひよこ豆は缶を開け汁気を切っておきます
❷みじん切りのにんにくとお野菜とひよこ豆を水300mℓで4〜5分くらい煮ます
❸じゃがいもがやわからく煮えたらトマトジュースを入れて温まったらおみそを溶き入れます
❹盛り付けたらお好みでイタリアンパセリなどをのせて完成です

コメント オイルもスープの素も使わないヘルシーなみそスープ
トマトジュースとおみそだけでお野菜の旨みを味わえる一杯

春菊と白菜の豚汁

材料

- 白菜…2枚
- 春菊…3束
- 豚肉…170g
- お好みのおみそ

作り方

❶鍋に水600mℓとカットした白菜の芯の部分と豚肉を入れ沸騰したらアクを取りながら3〜4分煮ます
❷カットした白菜の葉の部分と春菊を入れ約3分程煮たらおみそを溶き入れて、火を止めて完成です

コメント 鍋物みたいな具材の豚汁で、モリモリ食べる一杯

カリフラワーともち麦のみそ雑炊

材料

- カリフラワー…50g
- 玉ねぎ…1/2個
- 人参…1/3本
- キャベツ…2枚
- もち麦…50g
- お好みのおみそ

作り方

❶もち麦を洗って水600mℓを入れ中火で15分くらい煮ます
❷カリフラワーと玉ねぎと人参、キャベツを食べやすい大きさにカットして加えて10分程煮ます
❸おみそを溶き入れて完成です
❹サラサラ雑炊がお好みならすぐに、5分くらい蒸らすとふんわり雑炊に仕上がります

コメント もち麦と細かく刻んだカリフラワーのみそ雑炊はデトックスできるダイエットメニューです。お野菜の甘みだけでシンプルにおいしい

和風ロールキャベツのおみそ汁

ごちそうロールキャベツは
カットして食べやすく

材料

- 鶏むねひき肉…200g
- 人参…1/3本
- 卵…1個
- 長ねぎ…1/3本
- 焼き麩…5〜6個
- 塩麹…大さじ1
- キャベツ…約4〜5枚
- お出汁パック
- お好みのおみそ

作り方

❶キャベツの葉をサッと下茹でします
❷ひき肉、すりおろした人参・みじん切りの長ねぎ、卵、砕いた焼き麩、塩麹を混ぜて、茹でたキャベツの葉で巻きます
❸鍋に巻いたキャベツを並べて水約800mlとお出汁パックを入れて約20分程煮ます
❹中まで火が通ったらキャベツを取り出して半分にカットして断面を上にお椀に入れます
❺鍋におみそを溶き入れておつゆをお椀に注ぎ入れて完成です

コメント　かつおと昆布だしで煮た和風のロールキャベツでおみそ汁をつくりました。半分にカットした断面を上にして食べやすくごちそう感のある一杯に

酒粕とかぶの豚汁

12/4

酒蔵さんの今年の酒粕のおいしさと柔らかく甘いかぶの競演

12月

材料

- 豚バラ肉…140g
- ごぼう…1/2本
- 人参…1/2本
- しめじ…1/2株
- かぶ（茎や葉があれば一緒に）…約2個
- 酒粕…約50g
- お好みの炒め用油…大さじ1
- 赤みそ

作り方

❶豚肉、ごぼう、にんじん、しめじを炒め、水を約1ℓ入れて火にかけ沸騰したらアクを取ります
❷酒粕、おみそを大さじ1くらい溶き入れてくし切りのかぶを入れ、弱火～中火で約7～8分程煮ます
❸かぶが柔らかくなったらカットしたかぶの茎や葉を入れてひと煮立ちしたら、仕上げのおみそを約大さじ2くらい溶き入れて完成です

コメント 米どころ酒どころ新潟の酒屋さんの今年の酒粕がそろそろ出始めるころ。柔らかいかぶの食感と甘みが酒粕によく合う一杯

白菜と木綿豆腐とわかめのおみそ汁

材料

- 白菜…2枚
- 木綿豆腐…200g
- 乾燥わかめ…2g
- お出汁パック
- お好みのおみそ

作り方

❶お出汁が沸騰したらカットした白菜の芯の部分を入れて2〜3分煮ます
❷白菜の葉の部分と木綿豆腐とわかめを入れて2〜3分煮て火を止めて、おみそを溶き入れて完成です

12月

コメント あっさりさっぱりの一杯

鶏肉と長ねぎの串なし焼き鳥風 おみそ汁

材料

- 鶏モモ肉…約180g
- 長ねぎ…2本
- お好みの炒め油…大さじ1
- 赤みそ

作り方

❶鶏肉と長ねぎに焼き色をつけるように炒めます
❷一旦長ねぎを取り出し、鶏肉を水約700㎖を入れ中火で煮ます
❸沸騰したらアクを取り、少し火を弱め約10分程煮ます
❹途中で長ねぎを入れて煮て鶏肉に火が通ったらおみそを溶き入れて火を止めて完成です

コメント ねぎ間みたいなおみそ汁。おかずにもおつまみにもなる一杯

とろろ昆布とかつお節 お椀で混ぜるおみそ汁

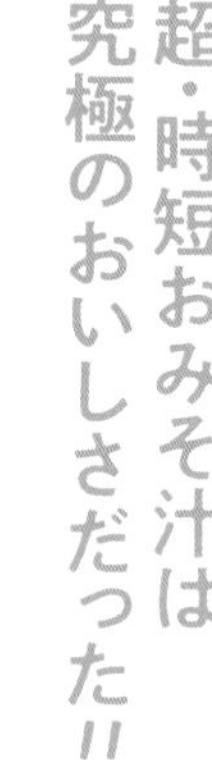

12
月

材料

- とろろ昆布・かつお節（削り節）…適宜
- お好みのおみそ…約大さじ1（約15～18g）
- 熱湯…約160～180mℓ

※濃さや分量はお好みで調整してください

作り方

❶お椀におみそと削り節を入れて、少な目のお湯を入れて溶かしてから全量のお湯を入れると溶かしやすいです
❷とろろ昆布をのせて追い削り節などお好みでのせて完成です

コメント おみそと削り節をお椀にいれてお湯を注ぐだけの究極時短おみそ汁。カンタンでもおみそとかつお節の風味がダイレクトに味わえる一杯

ワンタンとレタスと溶き卵のおみそ汁

材料

- ワンタン…6〜7個くらい
- 卵…1個
- レタス…2枚
- 鶏ガラ顆粒だし…小さじ1
- お好みのおみそ

作り方

❶水約600mℓが沸騰したらワンタンと鶏ガラ顆粒だしを入れて鍋の中でくっついているワンタンを離して約2分煮ます
❷手でちぎったレタスを入れて強火にして沸いたら溶き卵を細く回し入れます
❸火を止めておみそを溶き入れて全体をお玉で大きく混ぜて完成です

コメント 簡単でもごちそう感と食べ応えある一杯

白菜と人参と小松菜のおみそ汁

材料

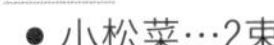

- 小松菜…2束
- 白菜…2枚
- 人参…5cm
- お出汁パック
- お好みのおみそ

作り方

❶鍋に水とお出汁パックとカットした人参を入れ沸騰したら少し火を弱めて約3〜4分煮ます
❷カットした白菜の芯の部分と小松菜の茎の部分を入れ2〜3分煮ます
❸カットした白菜と小松菜の葉の部分を入れて再び沸騰したら、少し火を弱め1〜2分煮ておみそを溶き入れて完成です

コメント 白菜と小松菜と人参で具だくさんでお野菜をモリモリ食べる一杯

じゃがいもとわかめと長ねぎのおみそ汁

材料

- じゃがいも…中1個
- 乾燥わかめ…2g
- 長ねぎ…1/2本
- お出汁パック
- お好みのおみそ

作り方

❶鍋に水とお出汁パックと拍子木切りのじゃがいもを入れて煮ます。沸騰したら少し火を弱め約10分程煮ます
❷わかめと斜め切りの長ねぎを入れて2〜3分煮ます
❸じゃがいもが柔らかくなったら火を止めておみそを溶き入れて完成です

コメント **じゃがいもや長ねぎは切り方で味わいや役割が変わりますね。拍子木切りのじゃがいもと斜め切りの長ねぎで**

ほうれん草としめじと油揚げのおみそ汁

材料

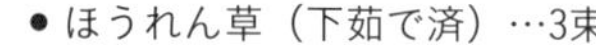

- ほうれん草（下茹で済）…3束
- しめじ…1/2株
- 油揚げ…1枚
- お出汁パック
- お好みのおみそ

作り方

❶鍋に水とお出汁パックとしめじを入れ沸騰したら少し火を弱め3〜4分煮ます
❷カットした油揚げを入れて2〜3分煮ます
❸下茹でしてカットしたほうれん草を入れて火を止めておみそを溶き入れて完成です

コメント **シンプルでおいしいおみそ汁**

小松菜とえのき茸と焼き麩のおみそ汁

材料

- 小松菜…2束
- えのき茸…1/2株
- 焼き麩…8〜10個
- お出汁パック
- お好みのおみそ

作り方

❶鍋に水とお出汁パックとカットしたえのき茸を入れて沸騰したら火を少し弱めて、3〜4分煮ます
❷カットした小松菜を入れ、再び沸騰したら1分程煮て火を止め、おみそを溶き入れます
❸最後に焼き麩を入れて軽くかき混ぜたら完成です

コメント **焼き麩がおつゆを吸い込んでふんわりじゅわ〜っと**

なめこと長ねぎと木綿豆腐のおみそ汁

材料

- なめこ…1袋
- 木綿豆腐…200g
- 長ねぎ…1/2本
- お出汁パック
- お好みのおみそ

作り方

❶お出汁が沸騰したらなめこを入れて沸騰したら少し火を弱めて約3〜4分煮ます
❷カットしたお豆腐と斜め切りの長ねぎを入れて、再び沸騰したら少し火を弱め、2〜3分煮たら火を止めておみそを溶き入れて完成です

コメント **木綿豆腐は小さめのカットで、長ねぎもあえて柔らかく煮てなめこのとろみに合わせて優しい仕上がりに**

秋田のだまこ風 おみそ汁

12/14

秋田の郷土料理『だまこ』でどこか懐かしいごちそうの一杯

12月

材料

- 鶏肉…120g
- ごぼう…1/2本
- 舞茸…100g
- 長ねぎ…1/2本
- 三つ葉…適宜（あればセリ）
- 炊きたてごはん…250g
- お出汁パック
- 酒…大さじ2
- 赤みそ

作り方

❶だまこの作り方は炊きたてごはんを熱にも強いポリ袋に入れて熱いのでタオルをのせて、袋の上から手でつぶします。方向を変えながら半分くらいつぶれたくらいで小さめピンポン玉くらい約20gに丸めます。煮崩れはほとんどしないけど一応塩水（水100mℓ塩2g）にくぐらせザルにあげてスタンバイOK。すり鉢など使わなくても充分お団子になる簡単な作り方です

❷カットした鶏肉、ごぼう、舞茸をお出汁パックと水700mℓ、酒で煮ます。沸騰したらアクを取り火を弱めて10分程煮て鶏肉が煮えたらだまこと長ねぎを入れ軽く煮たらおみそを溶き入れて三つ葉を入れて完成です

コメント **丸くて作りやすいきりたんぽ風の『だまこ』を入れた鶏肉と舞茸やごぼうの風味がおいしいごちそうの一杯**

生芋こんにゃく入り豚汁

材料

- 豚肉…180g　● 大根…8cm　● 人参…1/2本
- ごぼう…1/2本　● こんにゃく…1枚
- 長ねぎ…1本　● 生姜…1片
- 柚子七味などお好みで
- お好みのおみそ

作り方

❶豚肉と長ねぎ以外の具材をカットして炒め、水約800〜900㎖を入れて煮ます
❷沸騰したらアクを取りながら約10〜15分程煮ます
❸具材に火が通ったら斜め切りの長ねぎを入れておみそを溶き入れます
❹盛り付けたら小口切りの長ねぎと柚子七味などお好みでのせて完成です

コメント　**先に豚汁を作って火を止めておいて、他のおかずを作って食べる時再び火を入れるとほどよく味シミでちょうどいい一杯**

春菊と長ねぎのおみそ汁

材料

- 春菊…2束
- 長ねぎ…1/2本
- お出汁パック
- お好みのおみそ

作り方

❶お出汁が沸騰したらカットした春菊と長ねぎを入れて1〜2分煮たら火を止めて、おみそを溶き入れて完成です

コメント　**鍋に使われる具材ですが、おみそ汁でさっぱりと春菊と長ねぎの風味を味わえます**

牡蠣と酒粕の具だくさんおみそ汁

12/17

牡蠣と酒粕で身体の中から
ポカポカな一杯

12月

材料

- 牡蠣8〜10個（下処理用　● 水…1ℓ　● 塩…34g）
- 干し椎茸…3個
- 里芋…2個
- かぶ…1個
- 人参…1/3本、
- ほうれん草（下茹で済）…2束
- 長ねぎ…1/3本
- 酒粕…約50g
- お好みのおみそ

作り方

❶牡蠣は塩水で優しく汚れを落とし流水で流して下処理OK
❷干し椎茸の戻し汁と水を合わせて800mℓに、カットした里芋、カブ、人参、干し椎茸を入れて沸騰したら酒粕を溶き入れて火を少し弱めて7〜8分程煮ます
❸人参や里芋が煮えたら少し火を強め中火にして牡蠣を入れて沸いたら4〜5分、大きさにより中心部までしっかり火を通してください
❹火を止めておみそを溶き入れ、盛り付けたら下茹でしてカットしたほうれん草とスライスした長ねぎをのせて完成です

コメント　**牡蠣と酒粕で身体の中からポカポカあったまる具だくさんのごちそうおみそ汁**

ほうれん草とエリンギと焼き麸のおみそ汁

材料

- エリンギ…2本
- 焼き麸…8〜10個
- ほうれん草（下茹で済）…3束
- お出汁パック
- お好みのおみそ

作り方

❶鍋に水とお出汁パックとカットしたエリンギを入れ沸騰したら少し火を弱め、約5分程煮ます
❷下茹でしてカットしたほうれん草を入れ一旦火を弱めておみそを大さじ2くらい溶き入れます
❸戻し不要のお麩をそのまま入れて、再び中火にしてグラっとしたら火を止めて完成です

コメント **エリンギとお出汁とおみその旨みのおつゆを吸った焼き麸はふんわり香りのいい一杯**

鶏肉とセリとちくわのきりたんぽ風 おみそ汁

材料

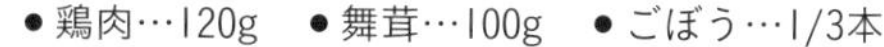

- 鶏肉…120g　● 舞茸…100g　● ごぼう…1/3本
- セリ（あれば適宜、三つ葉などでもOK）
- 長ねぎ…1/2本　● ちくわ…2本
- お出汁パック
- 赤みそ

作り方

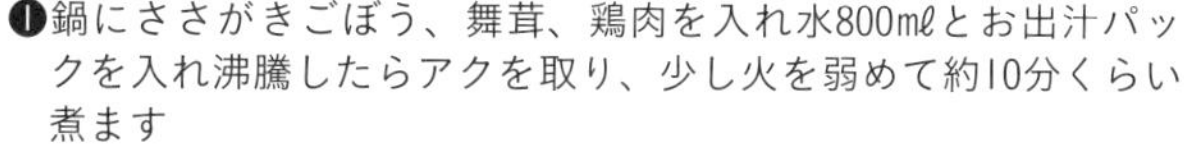

❶鍋にささがきごぼう、舞茸、鶏肉を入れ水800mℓとお出汁パックを入れ沸騰したらアクを取り、少し火を弱めて約10分くらい煮ます
❷鶏肉に火が通ったらちくわと長ねぎを入れ2〜3分煮たらセリまたは三つ葉を入れ、火を止めておみそを溶き入れて完成です

コメント **ちくわをきりたんぽみたいにカットして入れておかずおみそ汁の一杯**

しじみのおみそ汁

12/20

忘年会や飲み会の多い時期
頼りにしています！の一杯

12月

材料

- しじみ（砂出し下処理済）…約160〜200g
- 赤みそ…大さじ2
- 昆布…約5gくらい
- 酒…大さじ2
- 長ねぎ

作り方

❶砂出しをしたしじみと昆布を水500〜600㎖で弱火〜中火くらいで5〜6分くらいかけて、ゆっくり沸くくらいの火加減を目安にアクを取りながら火を入れます
❷沸いたら昆布を取り出し、酒を入れて火を弱め口が開いたら2〜3分煮て火を止め、おみそを溶き入れます
❸盛り付けたら白髪ねぎなどをお好みでのせて完成です

コメント 出番です!!　オルニチン様。タウリン様。忘年会、年末年始の飲み会の多いこの時期。身体をいたわりながらおいしく楽しくお酒と付き合いましょう。「はい（笑）」

運(ん)がつく冬至のかぼちゃ豚汁

縁起物づくし! 開運豚汁

材料（多めに出来上がります）

- かぼちゃ（なんきん）…約120g
- れんこん（中）…1/2節
- 人参（にんじん）…1/2本
- 豚肉（とん）…120g
- 大根（だいこん）…6〜7cm
- すいとん（米粉…80g　片栗粉…30g　水…80mℓ）
- 冬瓜(カットして冷凍保存したとうがん) …50g
- 長ねぎ…1/2本　● しめじ…1/2株
- お好みのおみそ

作り方

❶かぼちゃ、れんこん、人参、豚肉、大根、しめじをそれぞれカットして、鍋に入れ水を約1ℓ入れ沸騰したらアクを取り少し火を弱め15分程煮ます
❷途中でカットして冷凍保存した冬瓜も加えて煮ます
❸かぼちゃや大根などが柔らかくなったら、すいとんの左記分量を混ぜて耳たぶくらいの固さにこねて小さく丸めて真ん中をつぶして鍋の中に入れて、3〜4分煮たら長ねぎを入れて、ひと煮立ちしたらおみそを溶き入れて火を止め完成です

冬至にかぼちゃ入りの豚汁。とにかく運（ん）のつく食材大集合で縁起を担いで具だくさんおみそ汁で栄養をつけて年末年始を乗り切る元気モリモリの一杯

丸ごとかぶと柚子のおみそ汁

材料

- かぶ（小さめ）…2個（一人1個分）
- 柚子の皮…適宜
- お出汁パック
- 白みそ

作り方

❶かぶの皮をむいて茎との境をフタのようにカットし一緒に丸ごと鍋に入れ、水、お出汁パックと一緒に10～15分程煮ます。水が少なくなったら少し加え、途中で上下を返して全体をやわらかく煮ます
❷柔らかくなったら火を止めておみそを溶き入れます
❸盛り付けたら柚子の皮をお好みでのせて完成です

コメント **冬至の時期に丸ごとかぶをかつおと昆布だしで柔らかく煮て柚子の香りを楽しむ白みそ仕立ての上品な一杯。使った柚子はお風呂に入れましょうか**

ほうれん草と玉ねぎと油揚げのおみそ汁

材料

- ほうれん草（下茹で済）…3束
- 油揚げ…1枚
- 玉ねぎ…1/2個
- お出汁パック
- お好みのおみそ

作り方

❶お出汁が沸騰したらスライスした玉ねぎとカットした油揚げを入れて2～3分煮ます
❷下茹でしてカットしたほうれん草を入れて再び沸いたら火を止めておみそを溶き入れて完成です

コメント **下茹でしたほうれん草で彩りよく、玉ねぎの甘みのある優しい一杯**

メリークリスマス デコおみそ汁

12/24

サプライズ！
サンタさんおみそ汁

12月

材料

★土台　大根輪切り（茹で済）、はんぺん
★サンタさんの胴体と帽子はミニトマト、ポンポンは丸麩、お顔はマッシュポテト、カッテージチーズのひげ、おめめはごま、ほっぺはかんずり、ベルトは海苔とスライスチーズのバックル
★プレゼント　大根、人参、玉子焼き、ブロッコリーの茎、星の麩、カニカマ、いくら。プレゼントの袋は油揚げに三つ葉　★サラダ用スパゲッティー
★お出汁パック　★お好みのおみそ

作り方

❶サンタさんのお顔のマッシュポテトはじゃがいもを5分レンチンしてフォークでつぶして丸めます。帽子とお顔や胴体をつけるのは、サラダ用スパゲッティーをホイルにのせて1分半トースターで焼いたものをさして止めています
❷鍋に水とお出汁パックと土台の大根やプレゼントの人参、油揚げなどを入れ柔らかく煮ます
❸盛り付け用に具材を取り出し、お椀に盛り付けます
❹鍋を再度沸かして火を止めたらおみそを溶き入れて盛り付けた器におつゆを流し入れて完成です

コメント　おみそ汁だってデコりたい！　Merry Christmas　眺めていたらかわいくなって食べられません。あしからず。サンタさんをお皿に移してプレゼントとおつゆをお先にどうぞ

かぶ・山芋・長ねぎの和風みそポタージュ

和テイストのオトナChristmas
食材の旨みも味わえる一杯

12月

材料

- かぶ…中2個
- かぶの葉…2束分
- 山芋…約100g
- 長ねぎ（白い部分）…適宜
- イクラ・三つ葉…適宜
- お出汁パック
- 白みそ

作り方

❶鍋に水とお出汁パックと皮付きのまま適当にカットしたかぶと長ねぎを入れ柔らかく煮ます
❷沸騰したらかぶの葉をリッと茹でて取り出して冷水に取ります
❸山芋をすりおろし、お出汁パックを取り出し、粗熱がとれたら①をブレンダーにかけおみそとおろした山芋を加えて軽くブレンダーで混ぜて馴染ませて弱火にかけます
❹リースのグリーン部分は茹でたかぶの葉と③を大さじ2程混ぜて別容器でブレンダーにかけてペースト状にします
❺ポタージュを器に盛ったらリースのグリーンペーストとイクラと三つ葉で盛り付けて完成です

コメント　**牛乳も豆乳も使わないで山芋のぽったり感と長ねぎの風味がとろっと優しく粋な和テイストのオトナChristmasの一杯**

ブイヤベース風 おみそ汁

旨みがすごい！
今日の食卓の主役はコレ！

材料

- 真だら（切り身）…2切れ
- 有頭エビ…4〜5尾
- あさり…80g（砂抜き済）
- ホタテ（生食用）…4〜5個
- 玉ねぎ…1/2個
- 人参…1/3本
- セロリ…1/3本
- ニンニク…1片
- あらごしトマト…約100g
- 酒…大さじ2
- オリーブオイル…大さじ2
- 赤みそ

作り方

❶有頭エビは頭を残して殻と背ワタを取っておきます。ひと口大に切ったたらとみじん切りにんにくと有頭エビをオリーブオイルで表面を炒めて取り出します

❷みじん切りの玉ねぎ、人参、セロリをしっかり炒め、水を800mℓ入れ、たらと海老を入れてあさりを入れたら火にかけます。あさりが開いたらできれば取り出すと身が縮みません

❸沸騰したらアクを取り酒と粗ごしトマトを100gいれ火を弱めて5〜6分程煮ます

❹取り出したあさりと生食用ホタテを入れて再び沸いたらおみそを溶き入れて完成です

魚介の旨みだしが濃厚でおみその風味もしっかり活きている
和風ブイヤベースのおみそ汁が今日の食卓の主役になれるかも

玉ねぎとしめじと小松菜のおみそ汁

材料

- 玉ねぎ…1/2個
- 小松菜…2束
- しめじ…1/2株
- お出汁パック
- お好みのおみそ

作り方

❶鍋に水とお出汁パックとしめじと玉ねぎを入れて沸騰したら3～4分煮ます

❷カットした小松菜を入れて再び沸騰したら2～3分程煮て火を止めて、おみそを溶き入れて完成です

コメント **具だくさんでモリモリ食べるおみそ汁!! 何度でも言おうこのフレーズ。不足しがちな栄養素がバランスよく摂れる一杯**

寄せ鍋 野菜のおみそ汁

材料

- 白菜…2枚　● 春菊…3束
- 長ねぎ…1/2本
- 椎茸（小）…4個
- えのき茸…1/2株
- 焼き豆腐…100g
- お出汁パック
- お好みのおみそ

作り方

❶鍋に水とお出汁パックと椎茸、えのき茸、白菜の芯を入れ沸騰したら少し火を弱め4～5分煮ます

❷カットした焼き豆腐、白菜の葉、長ねぎ、春菊を入れて、再び沸騰したら少し火を弱め3～4分煮たら火を止めておみそを溶き入れて完成です

コメント **寄せ鍋のお野菜だけのおみそ汁です。お出汁パックで煮出してお野菜だけでも充分寄せ鍋の雰囲気に**

里芋とチンゲン菜のミルクみそスープ

材料

- 里芋（中）…2個　● チンゲン菜…1株　● 人参…1/2本
- 椎茸2個　● 鶏ガラ顆粒だし…大さじ1　● 牛乳…200～300mℓ
- 水…約400mℓ　● あわせみそ

作り方

❶カットした里芋、人参、椎茸を水から煮ます。柔らかくなるころには水分が半分くらいになりますが後で牛乳を入れるので焦らずに。半分以下になりそうなら焦げないように少し水を加えて煮てください
❷里芋や人参が柔らかく煮えたら鶏ガラ顆粒だしを加え、カットしたチンゲン菜を入れて1～2分煮たら牛乳を入れます
❸おみそを溶き入れて、沸騰しないように気をつけて温まったら火を止めて盛り付け、お好みで黒こしょうなどかけて完成です

コメント　**里芋を柔らかく煮てとろみがあって、あっさりしているのにおみそのコクがプラスされたスープ系。パンにも合うけどごはんにかけてサラサラ～なミルク雑炊風な食べ方もおススメ**

番屋汁風 おみそ汁

材料

- 鮭…2切れ　● たら…2切れ　● イカ…1杯
- 大根…7～8cm　● 人参…1/2本
- ごぼう…1/2本　● 長ねぎ…1/2本
- こんにゃく…1枚　● 水…1.2ℓ
- 赤みそ…大さじ3.5～4（63～72g）

作り方

❶長ねぎ以外の材料をカットして鍋に水と一緒に入れて煮ます。沸騰したら少し火を弱めアクを取りながら約10分程煮ます
❷大根や人参に火が通ったらカットした長ねぎを入れ、おみそを溶き入れて完成です

コメント　**漁師町の港の番屋で漁師が獲れたての魚介で作る番屋汁。新鮮な魚介たっぷりの旨みはこの上ない贅沢で究極の一杯**

越後の郷土料理のっぺ風 おみそ汁

材料(多めの量が出来上がります)

- 里芋…4個　● 人参…1本
- れんこん…1節
- ゆり根・銀杏…適宜
- かまぼこ…5〜6cm
- こんにゃく…1枚
- 塩イクラ（ととまめ）
- 絹さや（下茹で済）…適宜
- 干し椎茸…4個
- 干し貝柱…15g
- みりん・酒…各大さじ2
- お好みのおみそ

作り方

❶干し椎茸と干し貝柱を300mℓの水で数時間〜ひと晩戻しておきます

❷さいの目にした里芋、人参、蓮根、干し椎茸、干し貝柱を①の戻し汁と合わせて1ℓになる分量の水を入れ、沸騰したら酒、みりんを入れて少し火を弱め10〜15分程煮ます

❸カットしたかまぼこ、こんにゃく、銀杏、ゆり根を入れて5分程煮ます

❹里芋が柔らかくなったら塩イクラを入れておみそを溶き入れて火を止めます

❺フタをして数分蒸らして塩イクラが少し白くなり始めたら盛り付け、絹さやを添えて完成です

コメント **一年の締めくくりは越後の郷土料理のっぺをおみそ汁仕立てに。干し椎茸と干し貝柱が年末年始の贅沢感。里芋中心の具だくさんな一杯**

お雑煮 おみそ汁 仕立て

材料

- お餅（煮たもの）
- 大根　● 人参　● 里芋
- かまぼこ　● 椎茸
- ほうれん草（下茹で済）
- 三つ葉
- 油揚げ
- お出汁パック
- 柚子
- 白みそ

作り方

❶一応飾り切りのつもりの具材は、梅型の人参、扇形の大根、六角形の里芋、折れ松葉の柚子、結びかまぼこと三つ葉、飾り切り椎茸

❷鍋に水とお出汁パックと大根、人参、椎茸、里芋を入れて吹きこぼれる前に火を弱め、10分程煮ます

❸カットした油揚げ、かまぼこを入れて3分程煮て、大根、里芋などが柔らかく煮えたら、カットしたほうれん草を入れおみそを溶き入れ、柔らかく煮たお餅を一緒に盛り付けて、柚子や三つ葉をのせて完成です

コメント **お正月のお雑煮を白みそのおみそ汁仕立ての一杯。かなり苦戦の上一応飾り切りにチャレンジしてみました**

ゆり根と椎茸と絹さやのおみそ汁

材料

- ゆり根…1/2個（約30g）
- 椎茸（小）…3個　● 絹さや（下茹で済）…適宜
- お出汁パック　● 柚子の皮（刻んで）　● 白みそ

作り方

❶鍋に水とお出汁パックとカットした椎茸を入れて沸騰したら少し火を弱め3分程煮ます
❷ほぐして1片ずつにしてよく洗ったゆり根を入れて再び沸騰したら少し火を弱め、2〜3分程煮てゆり根が柔らかくなり始めたら火を止めておみそを溶き入れます。柔らかく煮すぎない程よいポクポク感がポイント
❸盛り付けたら絹さやと柚子の皮をお好みでのせて完成です

コメント　**年末年始のお料理で使うゆり根をたまには主役として甘みとポクポク感のおいしさを再確認。お正月食材ならではの一杯**

ズワイガニと大根と小ねぎのおみそ汁

材料

- 冷凍ズワイガニ…約180g　● 大根…10cm
- 昆布…約8g　● 小ねぎ…適宜　● 酒…適宜
- 水…700mℓ　● お好みのおみそ…大さじ2〜2.5（約45g）

作り方

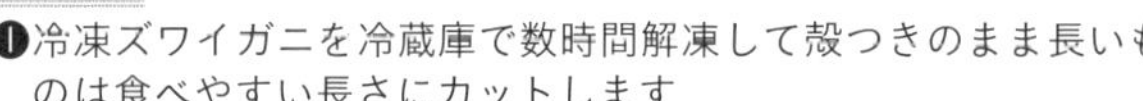

❶冷凍ズワイガニを冷蔵庫で数時間解凍して殻つきのまま長いものは食べやすい長さにカットします
❷鍋に水700mℓを入れ昆布を30分浸し、約5cm長さで短冊切りの大根を入れ火にかけます
❸沸騰前で昆布を取り出し酒を入れ大根を4〜5分煮ます
❹ズワイガニを殻ごと入れて沸いたら1〜2分程で火を止めおみそを溶き入れます
❺盛り付けたら小ねぎをのせて完成です

コメント　**冷凍だけどやっぱりおいしいズワイガニ。お正月だから奮発してごちそうの一杯**

塩引き鮭と酒粕の具だくさんおみそ汁

伝統の特産品
塩引き鮭を味わう一杯

1月

材料（多めにできます）

- 塩引き鮭…3切れ
- 大根…10cm
- 人参…1/2本
- ごぼう…1/2本
- 長ねぎ…1/2本
- 酒粕…50g
- 赤みそ

作り方

❶塩引き鮭の塩抜きは水200mlに塩小さじ1弱を溶かしひと口大にカットした鮭を15分程浸すと、旨みはそのままでちょうどいい塩分になります
❷カットした大根、人参、ごぼうを水から煮ます
❸沸騰したら酒粕を入れ少し火を弱めて柔らかくなるまで10分程煮ます
❹鮭を入れて5〜6分煮て大根など煮えたら、長ねぎを入れ、おみそを溶き入れて、火を止めて完成です

コメント 新潟県村上特産品の塩引き鮭。そのままでもおいしいけどカンタン塩抜きをして酒粕と根菜類が具だくさんのおかずになる一杯

ほうれん草と溶き卵のおみそ汁

材料

- ほうれん草（下茹で済）…3束
- 卵…1個
- お出汁パック
- 白みそ

作り方

❶お出汁が沸騰したらカットしたほうれん草を入れ、再び沸いたら溶き卵を箸に伝わせながら細く回し入れます
❷火を止めておみそを溶き入れてお玉で全体を大きく混ぜて完成です

1月

コメント ふんわり卵と米こうじのおみそで自然の甘みのある優しい一杯

翌朝の豚汁

材料

- 豚バラ肉…約180g
- 大根…10cm
- 玉ねぎ…1個
- 人参…1/2本
- しめじ…1株
- ごぼう…1/2本
- 小ねぎ…適宜　● 赤みそ

作り方

❶カットした大根、人参、しめじ、ごぼう、玉ねぎ、豚肉と水を入れ沸騰したらアクを取り、少し火を弱めてコトコトくらいの火加減で10〜15分程煮ます
❷柔らかく煮えたらおみそを溶き入れて火を止めます
❸翌朝温めて盛り付けたら小ねぎをのせて完成です

コメント 昨日作ってひと晩おいて味シミの豚汁。忙しい朝にはごはんとコレだけでいい〜！
玉ねぎをたっぷり入れて甘みのある豚汁にはしっかり濃厚な米みそがぴったり

春の七草みそ粥

材料

★春の七草かゆセット（すずな、すずしろは 紅白セット）

- ●せり　●なずな
- ●ごぎょう　●はこべら
- ●ほとけのざ　●すずな（かぶ）
- ●すずしろ（大根）

- ●お出汁パック
- ●ごはん2膳分（360～400g）くらい
- ●白みそ

作り方

❶お出汁が沸騰したらご飯を入れて白い大根とかぶをカットして入れて煮ます

❷ごはんも大根も柔らかくなったら赤い大根とかぶを入れて他の五草は最後にサッと入れたら、おみそを溶き入れて完成です

コメント　**春の七草セットで作るみそ粥。わずかなほろ苦さもお出汁とおみその風味に包まれて胃腸が喜ぶおいしさの一杯。無病息災を願って**

大和芋と三つ葉と柚子のおみそ汁

材料

- ●大和芋約15cmくらい
- ●柚子（すりおろして）
- ●三つ葉　適宜
- ●お出汁パック
- ●赤みそ

作り方

❶大和芋の皮をむいてすりおろします

❷しっかり煮出したお出汁が沸騰したら火を止めておみそを溶き入れます

❸器にすりおろした大和芋を入れて②のおつゆを注ぎ入れて三つ葉やすりおろした柚子をのせて完成です

コメント　**すりおろした大和芋はお椀に別に入れて、おつゆを注ぎ入れる作り方で加熱をしない方が栄養価もそのまま摂れるぴったりな食べ方の一杯**

紅白なます風 おみそ汁

材料

- 大根…120g　● 人参…20g
（各スライサーでせん切りにした分量）
- お出汁パック
- 酢…大さじ1
- お好みのおみそ
- すりごま　適宜

作り方

❶大根と人参をスライサーでせん切りにします
❷お出汁が沸騰したらお酢を入れて①を入れて再び沸騰して1分煮たら火を止めて、おみそを溶き入れます
❸盛り付けたらすりごまをかけて完成です

1月

コメント　**スライサーで大根と人参を細くせん切りにしておみそ汁の具として酢を大さじ1入れて、すりごまをのせるだけでさっぱりなます風の一杯**

水菜と玉ねぎとお豆腐のおみそ汁

材料

- 水菜…1束
- お豆腐…200g
- 玉ねぎ…1/2個
- お出汁パック
- お好みのおみそ

作り方

❶お出汁が沸騰したらスライスした玉ねぎとカットした水菜とお豆腐を入れます
❷再び沸いたらおみそを溶き入れて火を止めて完成です

コメント　**たっぷりの水菜と玉ねぎのシャキシャキ感がぴったり。さっぱりあっさりの一杯**

さつまいもと黒豆 ごま豆乳焼き餅 おみそ汁

材料

- さつまいも…約80g　● 黒豆…適量　● お餅…適量
- ねりごまペースト…大さじ2　● お出汁パック　● 水…400mℓ
- 豆乳…200〜300mℓ　● 鶏ガラ顆粒だし…小さじ1
- はちみつ…大さじ2　● 白みそ…大さじ1

作り方

❶鍋に水とお出汁パックとさつまいもをカットして沸騰したら少し火を弱めて、約10分程煮ます
❷柔らかくなったらねりごまペーストと鶏ガラ顆粒だし、はちみつ、おみそを溶き入れ、豆乳を入れ沸騰しないように温めて火を止めます
❸お餅は細長くカットしてトースターなどで焼いて②を器に入れて盛り付けます
❹黒豆をお好みで乗せて完成です

コメント **鏡開きのお餅アレンジ。ほんのり甘めのごまみそと豆乳におせちの黒豆とさつまいもで焼き餅を食べる一杯**

スナップエンドウと長芋ともずくのおみそ汁

材料

- もずく…100g
- 長芋…6〜7cm
- スナップエンドウ（下茹で済）…適量
- お出汁パック
- お好みのおみそ

作り方

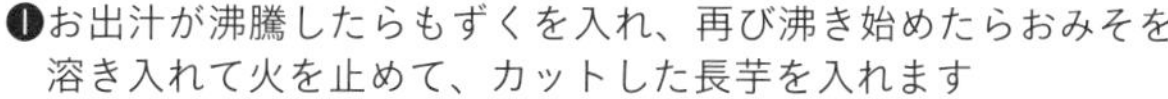

❶お出汁が沸騰したらもずくを入れ、再び沸き始めたらおみそを溶き入れて火を止めて、カットした長芋を入れます
❷盛り付けたらスナップエンドウをのせて完成です

コメント **煮込まないでいい食材に下茹でしたスナップエンドウを添えてササっと水溶性食物繊維たっぷりの一杯**

芽キャベツとベーコンと玉ねぎのおみそ汁

材料

- 芽キャベツ…4〜5個
- ベーコン…30〜40g
- 玉ねぎ…1/2個
- オリーブオイル…大さじ1
- あわせみそ

作り方

❶芽キャベツを縦半分にカットして断面をオリーブオイルで焼いて、ベーコン、玉ねぎも炒めます
❷水を入れて中火で3〜4分煮ます
❸芽キャベツが柔らかくなったら火を止めておみそを溶き入れて完成です

コメント 芽キャベツの断面に焼き色がつくほどこんがり炒め風味アップ。
玉ねぎと芽キャベツの甘みとベーコンのコクでちょっと洋風な一杯

春菊と大根と油揚げのおみそ汁

材料

- 大根…5cm
- 油揚げ…1枚
- 春菊…3束
- お出汁パック
- 白みそ

作り方

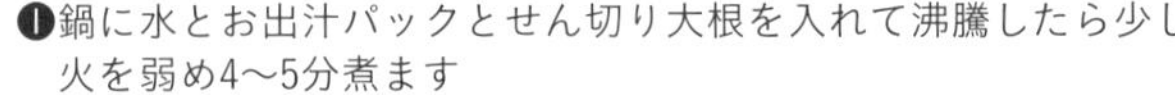

❶鍋に水とお出汁パックとせん切り大根を入れて沸騰したら少し火を弱め4〜5分煮ます
❷カットした油揚げと春菊を入れ3分程煮たら火を止めておみそを溶き入れて完成です

コメント 春菊の独特のクセを油揚げと合わせてまろやかに
大根も入れてシンプルにお野菜モリモリの一杯

和風カレー風 おみそ汁

材料

- 鶏むね肉…180g
- 大根…5cm
- 人参…5cm
- 里芋…2個
- 椎茸…2個
- 小松菜…1束
- お出汁パック
- 酒…大さじ1
- カレー粉…大さじ2
- あわせみそ
- 粉チーズ…適量

作り方

❶鍋に水800mℓとお出汁パックと皮を取り（お好みで）ひと口大にした鶏肉と短冊切りの大根、人参、里芋、カットした椎茸を入れて沸騰したら吹きこぼれないように火を弱めアクを取りながら10分程煮ます

❷お出汁パックは袋を破いて中身を入れて煮てもいい（表記の方法にしたがって）ならそれでもOK

❸カレー粉と酒を入れてさらに5〜6分煮て柔らかくなったら、小松菜を入れ2分程で火を止めおみそを大さじ2.5〜3溶き入れ、盛り付けたらお好みで粉チーズをかけて完成です

コメント 小正月に和風カレー風味でお餅アレンジの一杯。しっかりかつおと昆布だしでスープカレーというより具だくさんおみそ汁寄り。お餅でもごはんでおかずおみそ汁でも

菜花と木綿豆腐と油揚げのおみそ汁

材料

- 菜花（下茹で済）…2束
- 油揚げ…1枚
- 木綿豆腐…200g
- お出汁パック
- お好みのおみそ

作り方

❶お出汁が沸騰したらカットした油揚げとお豆腐を入れて2〜3分煮ます
❷カットした菜花を入れ火を止めておみそを溶き入れて完成です

1月

コメント **下茹でした菜花でちょっとほろ苦さのある早春の風味を感じられる一杯**

じゃがいもとえのき茸と小松菜のおみそ汁

材料

- じゃがいも…2個
- 小松菜…2束
- えのき茸…1/2株
- お出汁パック
- お好みのおみそ

作り方

❶鍋に水とお出汁パックとカットしたじゃがいもとえのき茸を入れて沸騰したら少し火を弱め、5〜6分煮ます
❷じゃがいもが柔らかくなったらカットした小松菜を入れ2〜3分程煮たら、火を止めておみそを溶き入れて完成です

コメント **いつもの小松菜とえのき茸にじゃがいもを入れてほっこり安心感のある一杯**

白子と長ねぎ 柚子おろしのせ おみそ汁

材料

- まだらの白子…約100～120g
- 酒…大さじ1
- 長ねぎ…1本
- 大根・柚子（すりおろし）
- かんずり（なければ七味や豆板醤など）
- お出汁パック
- 白みそ

作り方

❶白子の下処理はボールに水約200mℓに塩小さじ1を溶かした中に白子を入れて優しく黒い筋などを取り、ヒラヒラ洗いながらひと口大に筋をハサミでカットして、流水に流してザルにあげてスタンバイOK

❷お出汁が沸騰したら酒を入れて、白子を入れ再び沸騰したら斜め切りの長ねぎを入れて、火を少し弱め1～2分くらいしたらおみそを溶き入れます

❸柚子の皮をすりおろしてその後同じおろし器で大根をおろして柚子と混ぜた大根おろしを作ります。軽く絞って盛り付け用を取り、汁はおみそを溶く前に鍋に入れます。盛り付けたらかんずりをのせて完成です

コメント **寒い時期においしい白子。ポン酢もいいけど温かくおみそ汁で
柚子大根おろしとたっぷりの長ねぎで冬の味覚クリーミーなごちそうの一杯**

豚肉とかぶのおみそ汁

優しいとろみがかぶにぴったり

1月

材料

- 豚肉…140〜170g
- かぶ（小）…2個（葉付きなら葉も使います）
- お出汁パック
- 片栗粉…大さじ1〜2くらい
- お好みのおみそ

作り方

❶ひと口大にカットした豚肉に片栗粉をまぶします
❷鍋に水とお出汁パックとくし切りのかぶを入れて沸騰したら火を弱め、豚肉を広げて入れてアクが出たら取りながら4〜5分程煮ます
❸カットしたかぶの茎や葉の部分を入れて2〜3分煮てかぶが煮えたら火を止めて、おみそを溶き入れて完成です

コメント　**豚肉に片栗粉をまぶして煮ると、表面がつるんとコーティングされてお肉が柔らかくおつゆにもとろみがついて、柔らかく甘いかぶにぴったりの一杯**

大根と里芋と油揚げのおみそ汁

材料

- 大根…5cm
- 里芋…2個
- 油揚げ…1枚
- お出汁パック
- 赤みそ

作り方

❶鍋に水とお出汁パックとせん切りの大根とカットした里芋を入れ、沸騰前吹きこぼれないように火を弱めて5〜6分煮ます
❷カットした油揚げを入れて2〜3分煮て里芋や大根が柔らかく煮えたら、火を止めておみそを溶き入れて完成です

コメント せん切りの大根と柔らかい里芋のほっこりおいしい一杯

大寒たまごとレタスのおみそ汁

材料

- 卵…2個（1人1個で人数分）
- レタス…3枚
- お出汁パック
- お好みのおみそ

作り方

❶お出汁が沸騰したらレタスをちぎって入れます
❷火を少し弱めて卵を入れ約3分程で白身が白くなったら火を止めておみそを溶き入れて、約1分蒸らして完成です（写真くらいの半熟感）。約3分程蒸らすと真ん中でだけとろっと固めの半熟に。お好みの仕上がりで

※落とし卵のポイント

1. 卵を常温に置いておく
2. 一人一個を器に割ってスタンバイ
3. 水面近くからそっと入れる
4. グラグラ沸騰させない

コメント 大寒に産まれた卵【大寒たまご】縁起もの。極寒で卵を産む数が少なく栄養や旨みが凝縮されて無病息災や健康運がアップするらしい。黄色いから金運も?!

アレッタと玉ねぎのおみそ汁

材料

- アレッタ…1株
- 玉ねぎ…1/2個
- お出汁パック
- お好みのおみそ

作り方

❶お出汁が沸騰したらスライスした玉ねぎとカットしたアレッタを入れて3〜4分煮ます
❷火を止めておみそを溶き入れて完成です

1月

コメント アレッタ（茎ブロッコリー）を初体験。そんなにホロ苦くなくて歯ごたえのあるしっかりした葉でなるほどブロッコリーっぽい。おみそ汁の具にさっぱりしてちょうどいい

高野豆腐とわかめのおみそ汁

材料

- 高野豆腐…1個（約7cm×5.5cm×2cmくらいの）
- 乾燥わかめ…2g
- お出汁パック
- お好みのおみそ

作り方

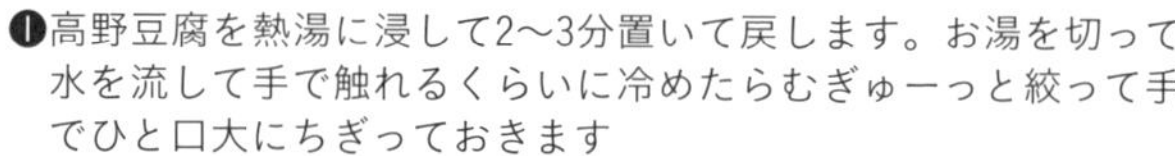

❶高野豆腐を熱湯に浸して2〜3分置いて戻します。お湯を切って水を流して手で触れるくらいに冷めたらむぎゅーっと絞って手でひと口大にちぎっておきます
❷お出汁が沸騰したら①の高野豆腐を入れて3分程煮ます
❸わかめを入れて2分程煮たら火を止めておみそを溶き入れて完成です

コメント いざというとき便利な乾物を使った一杯。
高野豆腐は熱湯で2〜3分でぶわ〜っと膨らんで柔らかく戻ります。手でちぎって食べやすく

なめこと三つ葉のおみそ汁

1/24

王道の一杯でほっと落ち着く食卓

1月

材料

- なめこ…1袋
- 三つ葉…適量
- お出汁パック
- お好みのおみそ

作り方

❶お出汁が沸騰したらなめこを入れて吹きこぼれないように少し火を弱め、3〜4分煮ます
❷カットした三つ葉を入れて火を止めておみそを溶き入れて完成です

コメント なめこと三つ葉でお出汁とおみその風味を堪能できる正統派の一杯

いわしのつみれ汁

材料

★いわしのつみれ　●真いわし…3匹　●おみそ…大さじ1　●おろし生姜…大さじ2　●酒…大さじ2　●小麦粉…大さじ2　●はんぺん…1枚分

★おみそ汁の具材　●大根…5cm　●人参…1/2本　●ごぼう…1/2本　●長ねぎ…1/2本　●小ねぎ…適宜　●栃尾のあぶらげ（油揚げ）…1枚　●お出汁パック　●あわせみそ

作り方

❶鍋に水とお出汁パックとカットした根菜（大根、人参、ごぼう）を入れて沸騰したら、少し火を弱め10〜15分程煮ます

❷その間にいわしのつみれを作ります。いわしの頭と内臓を取り、水で流して開いて骨を取ります。キッチンペーパーで水気を取りながら皮をはぎます。包丁で叩いたいわしとおみそとおろし生姜をすり鉢に入れ擦ります。酒、小麦粉を加えはんぺんを入れて更に擦ってつみれ種のスタンバイOK

❸根菜が煮えたら油揚げを入れて、両手にスプーンを持ちつみれを丸めて鍋に入れます

❹10分程煮たら長ねぎを入れおみそを溶き入れて、盛り付けたらお好みで小ねぎなどをのせて完成です

コメント　**いわしのつみれはちょっと手間はかかるけどその分おいしさは格別。寒い時期に具だくさんで生姜が利いたあったまる栄養価満点の一杯**

寒しじみと小ねぎのおみそ汁

材料

- しじみ（砂抜き済・冷凍保存）…150〜180g
- 酒…大さじ1　● 小ねぎ…適量　● 赤みそ

作り方

❶しじみの砂抜き…1ℓの水に塩小さじ1を溶かしてしじみが重ならないように4時間程置いてから、塩水を切って放置で約3時間。（この間に旨みのコハク酸が増えるらしい）キッチンペーパーで軽く拭いて150g〜180gくらいに小分けして袋に平らに入れ冷凍保存します。※砂抜きは個体差によりますので時間などは調整してください

❷しじみのおみそ汁の作り方…鍋に水500mℓと冷凍庫から出して表面をサッと流したしじみを入れ、沸騰したら酒を入れ、アクを取り2〜3分煮て殻が開いたらおみそを大さじ2〜2.5溶き入れて盛り付けたら小ねぎをのせて完成です

コメント **寒いこの時期の寒しじみを砂抜きして冷凍保存しておくと時間のない平日のおみそ汁の具材に超・超!!便利な一杯**

お豆腐とうずまき麩と絹さやのおみそ汁

材料

- お豆腐…200g
- うずまき麩…約10個
- 絹さや（下茹で済）…適量
- お出汁パック
- お好みのおみそ

作り方

❶お出汁が沸騰したらカットしたお豆腐を入れ2分煮たら火を止めておみそを溶き入れます

❷うずまき麩を入れて下茹でした絹さやを入れて盛り付けたら完成です

コメント **お正月過ぎたこのくらいの時期にたまに出没する絹さやのお徳用の大袋。下茹でストックして重宝します。お豆腐とうずまき麩と合わせた簡単な一杯**

水餃子の具だくさんおみそ汁

材料

- 白菜…2枚
- 椎茸…2個
- 人参…1/3本
- ニラ…3束
- 生姜…1片
- 水餃子…約4〜6個
- 鶏ガラ顆粒だし…小さじ1
- お好みのおみそ

作り方

❶鍋に水とカットした白菜の芯の部分と椎茸と人参とスライスした生姜を入れて沸騰したら、3分程煮ます

❷鶏ガラ顆粒だしを入れて、カットした白菜の葉、ニラを入れ水餃子を入れて、3分程煮たら火を止めおみそを溶き入れます

❸盛り付けたらお好みで針生姜、長ねぎ、黒こしょうなどをかけて完成です

コメント　**水餃子を入れて生姜やニラの薬味が利いて具だくさんのスープ系の一杯**

1月

なめこと油揚げとかぶのおみそ汁

材料

- なめこ…1袋
- かぶ（小）…2個
- 油揚げ…1枚
- お出汁パック
- お好みのおみそ

作り方

❶鍋に水とお出汁パックとくし切りのかぶを入れて沸騰したら少し火を弱めて、4〜5分程煮ます

❷なめことカットした油揚げとかぶの葉を入れて吹きこぼれないような火加減で、3〜4分煮てかぶが柔らかく煮えたら、火を止めておみそを溶き入れて完成です

コメント　**柔らかく煮えたかぶととろみのあるなめこのおつゆが優しく染み渡る一杯**

鶏ごぼうと長ねぎのおみそ汁

材料

- 鶏肉…150g
- ごぼう…1本
- 長ねぎ…1/2本
- お好みの炒め用油…大さじ1
- お出汁パック
- 赤みそ

作り方

❶鶏肉に焼き色がつくまで炒め、ごぼうも香りが立つまでしっかり炒めます
❷水とお出汁パックを一緒に入れて沸騰したらアクを取り、少し火を弱めて10分程煮ます
❸鶏肉に火が通ったら、長ねぎを入れて2分程煮たら火を止めておみそを溶き入れて完成です

コメント **鶏肉とごぼうの食べ応えある おかずになるおみそ汁の一杯**

あおさと焼き麩のおみそ汁

材料

- 乾燥あおさ…約2g
- 焼き麩…8〜10個くらい
- お出汁パック
- お好みのおみそ

作り方

❶お出汁が沸騰したらおみそを溶き入れて焼き麩を入れます
❷水で2分戻して水を切ったあおさを入れて火を止めて完成です

コメント **乾物ストックに頼りたい日。 あおさと焼き麩で簡単なのに香り高い一杯**

ほうれん草としめじと里芋のおみそ汁

材料

- ほうれん草（下茹で済）…3束
- しめじ…1/2株
- 里芋…2個
- お出汁パック
- お好みのおみそ

作り方

❶鍋に水とお出汁パックと半月切りの里芋としめじを入れ、沸騰するとあっという間に里芋は吹きこぼれやすいので沸騰少し前で火を弱めながらコトコト7〜8分煮ます
❷里芋が柔らかく煮えたらカットしたほうれん草を入れおみそを溶き入れて火を止めて完成です

2月

コメント　**里芋のねっとり柔らかい食感と少しとろ〜っとぬめりのあるおつゆがほうれん草としめじに絡んで、寒い冬にほっこりあったまる一杯**

いわしの水煮缶と梅干し玉ねぎのおみそ汁

材料

- いわし水煮缶…1缶（約150g）
- 玉ねぎ…1個
- 梅干し（鍋に入れる1個分と後のせ用適量）
- 小ねぎ…適宜
- 赤みそ

作り方

❶玉ねぎはスライサーで大量のオニオンスライスにします
❷お湯が沸騰したら玉ねぎを入れ、梅干しは1個種を取り包丁で叩いて鍋に入れ混ぜます
❸再び沸騰したら缶詰のいわしを汁ごと入れて火を止めておみそを溶き入れます
❹たっぷりのオニスラといわしを盛って上に盛り付け用の梅干しと小ねぎをのせて完成です

節分に食べると良い食材『いわし』。鬼が嫌いなんだそうです。栄養価もアップで身体にも優しくて開運なら食べるしかない。梅干しとオニスラで決まり！

水煮大豆のチリコンカーン風 おみそ汁

材料

- 鶏むねひき肉…120g
- 水煮大豆…1袋（約150g）
- ごぼう…1/2本
- トマトペースト…150g
- 水…600㎖　● お好みの炒め油…大さじ1
- 長ねぎ…1/2本
- あわせみそ…大さじ2〜2.5
- 一味唐辛子…大さじ0.8〜1
- カレー粉…小さじ1/2
- 鶏ガラ顆粒だし…小さじ1/2
- カイワレ大根など…適宜

作り方

❶ささがきごぼうを炒め、ひき肉を炒め、みじん切りの長ねぎと一味唐辛子とカレー粉を入れて、サッとなじませます

❷水煮大豆とトマトペーストと鶏ガラ顆粒だしを入れて全体を混ぜ、水を入れて沸騰したら、少し火を弱め3〜4分煮ます

❸おみそを溶き入れて盛り付けたら青みにかいわれ大根や小ねぎなどをのせて完成です

コメント **節分は大豆の日。水煮大豆で和風のチリコンカーン風のおみそ汁。ほんの少しのカレー粉と一味でエスニックに大豆を楽しめる**

木綿豆腐と生わかめと菜花のおみそ汁

材料

- 木綿豆腐…200g
- 菜花（下茹で済）…適宜
- 生わかめ…適量
- お出汁パック
- お好みのおみそ

作り方

❶お出汁が沸騰したらカットしたお豆腐、生わかめを入れて2〜3分程煮ます

❷下茹でしてカットした菜花を入れて火を止めておみそを溶き入れて完成です

コメント **立春の縁起もの食材のひとつのお豆腐。この時期はなにかと豆推し。春告げ生わかめと菜花で立春らしい一杯**

生真だらのチゲ風 おみそ汁

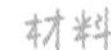

材料

- 真だら…3切れ（豆板醤大さじ2、酒・みりん各大さじ1、おろし生姜大さじ2にひと口大のたらを10分漬け置き）
- 白菜…2枚　● ニラ…5束　● 長ねぎ…1/2本
- 黒舞茸…1パック　● 木綿豆腐…100g
- 鶏ガラ顆粒だし…小さじ1　● 赤みそ

作り方

❶真だらをひと口大にカットして、豆板醤、酒、みりん、おろし生姜を混ぜて10分程漬けておきます

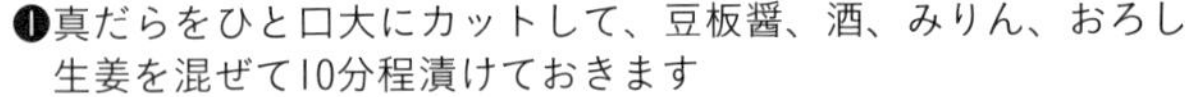

❷白菜の白い芯の部分と舞茸と水を入れ、①で漬けたたらを調味料ごと入れて火にかけます

❸沸騰したら少し火を弱めて鶏ガラ顆粒だしを入れ10〜15分程煮ます

❹カットした白菜の葉、木綿豆腐、ニラと長ねぎを入れて再び沸騰して3分程煮たら、おみそを溶き入れて火を止めて完成です

コメント **北海道の生真だらで豆板醤と生姜でちょっとピリ辛なポカポカあったまるチゲ鍋風の一杯**

ちぢみほうれん草と油揚げのおみそ汁

材料

- ちぢみほうれん草…1株
- 油揚げ…1枚
- お出汁パック
- お好みのおみそ

作り方

❶お出汁が沸騰したらカットしたちぢみほうれん草と油揚げを入れて煮ます
❷2〜3分程煮たらおみそを溶き入れて火を止めて完成です

コメント **この寒い時期にしか味わえないちぢみほうれん草。肉厚の葉で茎も太く寒さで葉が凍らないように糖分を蓄える。アク抜き不要で甘みのある旨みと栄養素をそのまま摂れる一杯**

大根と生わかめと油揚げのおみそ汁

材料

- 大根…5cm
- 油揚げ…1枚
- 生わかめ…約20g
- お出汁パック
- お好みのおみそ

作り方

❶鍋に水とお出汁パックとせん切り大根を入れて沸騰したら少し火を弱め4〜5分煮ます

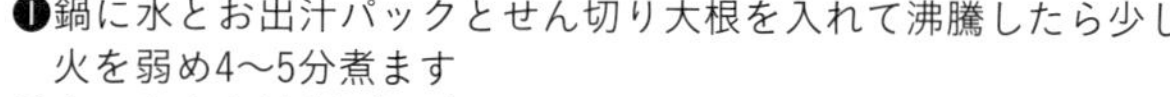

❷カットした油揚げと生わかめを入れて3分程煮たら火を止めておみそを溶き入れて完成です

コメント **生わかめとせん切りの大根をモリモリ食べられる安心感のある一杯**

しらすとキャベツと削り節のおみそ汁

材料

- キャベツ…約100g（スライスして山盛りくらい）
- しらす（減塩タイプ）…約30g
- オリーブオイル…小さじ1/2　● 水…500mℓ
- 削り節…2g　● 赤みそ

作り方

❶しらすを少量のオリーブオイルでパチパチ音がしてイワシの香りが立って、から炒りするように2〜3分程混ぜながら火を入れます
❷水500mℓを入れて沸騰して2〜3分煮たらスライサーでせん切りにしたキャベツを入れます
❸薄削り節の小袋を1袋（約2g）全体にふわっとかけるように入れて再び沸騰したら、火を止めておみそを大さじ2〜2.5溶き入れて全体を大きく混ぜて完成です

コメント **しらすをから炒りして香りを立てると小さくてもちゃんと優しいイワシ出汁に。地味だけどずっと飲んでいたいくらいの旨みでリピ確定?!の一杯**

お豆腐と長ねぎのおみそ汁

材料

- お豆腐…200g
- 長ねぎ…1/3本
- お出汁パック
- お好みのおみそ

作り方

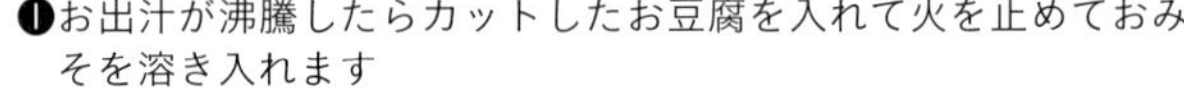
❶お出汁が沸騰したらカットしたお豆腐を入れて火を止めておみそを溶き入れます
❷盛り付けたらスライスした長ねぎをのせて完成です

コメント **『Simple is Best』　定番で素朴なお豆腐のおみそ汁。原点に戻って飲めるおみそ汁。そうだった。おみそ汁は飲み物です?!**

小かぶとがんもどきの和風ポトフ風 おみそ汁

材料

- 小かぶ…2〜3個　● 新じゃが（小）…2個
- 新玉ねぎ（ペコロス）…2個なければ普通の玉ねぎ1/2個でOK
- しめじ…1/2株　● がんもどき…2〜3個
- 人参…1/3本
- お出汁パック
- あわせみそ

作り方

❶鍋に水とお出汁パックとくし切りの小かぶ、ひと口大に乱切りした人参、新じゃが、玉ねぎ、しめじ、カットしたがんもどきを入れて沸騰したら少し火を弱めて約10〜15分程柔らかくなるまで煮ます

❷火の通りにくい人参やじゃがいもなどの具材が煮えたらおみそを溶き入れて火を止めて完成です

コメント **小かぶとがんもどきとお出汁で煮た和風のポトフみたいなおみそ汁。ゴロっとした具材も柔らかく煮込んで食べ応えある一杯**

春菊と長芋と油揚げのおみそ汁

材料

- 春菊…3〜4束
- 油揚げ…1枚
- 長芋…5cm
- お出汁パック
- お好みのおみそ

作り方

❶お出汁が沸騰したら、カットした油揚げを入れて2〜3分煮ます

❷カットした春菊を入れて1〜2分程で火を止めて、カットした長芋を入れておみそを溶き入れて完成です

コメント **春菊は鍋ものだけじゃなくておみそ汁にも使えて油揚げとの相性がぴったり。長芋も合わせて落ち着いた安心できる一杯**

芽キャベツと新じゃがバターのせおみそ汁

材料

- 芽キャベツ…4〜5個
- 新じゃが（小粒）…4〜5個
- オリーブオイル…大さじ1
- あわせみそ
- バター…適量
- 黒こしょう…お好みで

作り方

❶芽キャベツと新じゃがを縦半分にカットして断面をオリーブオイルで焼き色がつくくらいしっかり炒めてから水を入れて沸騰したら少し火を弱めて10分程煮ます
❷じゃがいもが柔らかくなったら火を止めおみそを溶き入れます
❸盛り付けたらお好みの量のバターと黒こしょうをかけ完成です

コメント 芽キャベツと新じゃがの小さくてコロコロしているものを半分にカットして焼き色をつけるように炒めておみそ汁にして後のせバターのコクがぴったりの一杯

なめこと厚揚げと大根おろしのおみそ汁

材料

- なめこ…1袋
- 厚揚げ…約60g
- 大根おろし…約50g
- お出汁パック
- 赤みそ

作り方

❶お出汁が沸騰したらカットした厚揚げとなめこを入れて吹きこぼれない火加減で4〜5分煮ます。大根おろしは後のせ用に軽くしぼっておき、汁は鍋に入れます
❷再び沸いたら、火を止めておみそを溶き入れます
❸盛り付けたら後のせ用に取っておいた大根おろしをのせて完成です

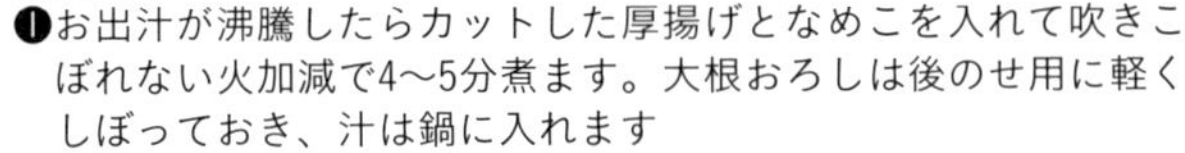

コメント 厚揚げとなめこのおみそ汁に大根おろしをのせたさっぱりして胃腸もすっきりのみぞれ鍋みたいな一杯

わかめと花麩のおみそ汁

2/14

バレンタインにかわいい
みそ玉の一杯

基本のみそ玉の作り方（10個分）

おみその塩分により分量はお好みで調整してください。

- お好みのおみそ…130g
- 乾燥わかめ…10g
- かつお節の粉末…10g

この3つを混ぜて、ラップに15gずつ量ってクルクル丸めます。これだけで基本のみそ玉完成（冷凍保存で約1ヶ月OK）

かわいいバレンタインみそ玉の作り方

基本のみそ玉にかわいくトッピング。
アレンジもいろいろです。花麩、あおさ、すりごま、天かす、青のり、手まり麩、ぶぶあられ、うずまき麩、七味唐辛子、とろろ昆布、桜えび など。乾燥具材をまぶしたりのせたりして楽しく作ってください〜!!　お湯160〜180mℓで溶かすだけ。
乾燥わかめもみそ玉を溶かしている時間（1〜2分程）で大体戻ります。もし柔らかめのわかめがお好みなら半量のお湯で溶かして3〜5分置いてからもう半量を注ぐなどで調整してください。

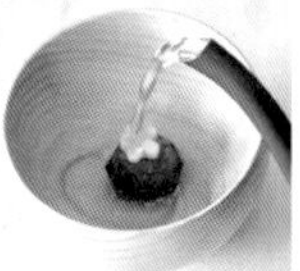

コメント **バレンタイン♡大切な方へ。手作りのみそ玉に健康と愛を込めて。みそ玉1個をお湯で溶くだけで一杯のおみそ汁。チョコじゃないからひと言添えて**

わさび菜とツナ缶のおみそ汁

材料

- わさび菜…2〜3束
- ツナ缶…1缶（約70g）
- お出汁パック
- お好みのおみそ

作り方

❶お出汁が沸騰したらカットしたわさび菜を入れ約1〜2分煮ます
❷ツナ缶を1缶すべて入れて火を止めておみそを溶き入れ、全体を大きく混ぜて完成です

コメント **栄養価の高いわさび菜はオイルと一緒に摂ると吸収がよくなるから ツナ缶との相性ぴったり。しかも水溶性だからおつゆで無駄なく摂取できる一杯**

納豆のきりざい風 おみそ汁

- 長芋…20g
- 納豆（小パック）…40g
- めかぶ（小パック）…45g
- 野沢菜漬け…約20g
- 人参…20g
- お出汁パック
- お好みのおみそ

作り方

❶鍋に水とお出汁パックとみじん切りの人参を入れ3〜4分煮ます
❷長芋、野沢菜漬けをみじん切りにして鍋に入れ、めかぶ、納豆も入れます
❸1〜2分でおみそを溶き入れて完成です

新潟県魚沼地方の郷土料理『きりざい』をおみそ汁仕立てに。 細かく刻んだ野菜や漬物と納豆を混ぜてごはんにも合う一杯

長芋と長ねぎのおみそ汁

材料

- 長ねぎ…1/2本
- 長芋…5cm
- お出汁パック
- お好みのおみそ

作り方

❶お出汁が沸騰したら斜め切りの長ねぎを入れて1分程煮たら火を止めます
❷薄めにいちょう切りにした長芋を入れておみそを溶き入れて完成です

コメント　長・・長・・コンビ。斜め切りの長ねぎと薄めにのいちょう切りの長芋がよく絡んで地味だけど素朴でおだやかな組み合わせの一杯

小松菜とお豆腐と油揚げのおみそ汁

材料

- 小松菜…2束
- お豆腐…約200g
- 油揚げ…1枚
- お出汁パック
- お好みのおみそ

作り方

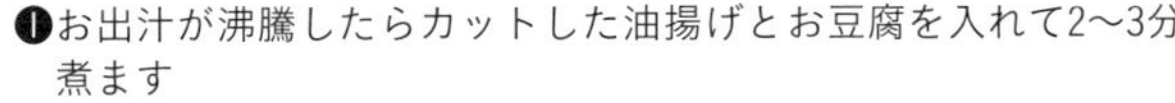

❶お出汁が沸騰したらカットした油揚げとお豆腐を入れて2〜3分煮ます
❷カットした小松菜を入れて2分程煮たら火を止めておみそを溶き入れて完成です

コメント　定番のお豆腐と油揚げに小松菜をサッと彩りよく仕上げた一杯

あんこう鍋風 おみそ汁

2/19

具だくさん！
あんこうをおみそ汁で

材料(少し多めに出来上がります)

- あんこう…約300〜400gくらい
- 大根…6〜7cm
- 人参…1/2本
- 白菜…2枚
- ごぼう…1/2本
- 椎茸…2個
- 生姜…1片
- 酒…大さじ2
- 小ねぎ
- あわせみそ

作り方

❶ひと口大にカットしたあんこうは湯通しして水1ℓで煮てアクを取りながら10分くらい煮て酒と大さじ2くらいのおみそを溶き入れ、カットした野菜や椎茸とスライスした生姜を入れてさらに約10〜15分程煮ます
❷具材が柔らかくなったら仕上げのおみそを溶き入れて火を止めます
❸盛り付けたら小ねぎや針生姜などをお好みでのせて完成です

コメント あんこうのおいしい時期にガッツリあんこう鍋まで張り切らないで
手軽に楽しめるあんこうの具だくさんおみそ汁仕立てがおススメの一杯

根菜の酒粕 豚汁

2/20

真冬の食卓にぽかぽか酒粕豚汁

2月

材料

- 豚肉…約150g
- 大根…5cm
- 人参…1/3本
- ごぼう…1/2本
- 蓮根（小）…1節
- 里芋…2個
- 椎茸…2個
- 長ねぎ…1/2本
- 酒粕…50g
- 赤みそ

作り方

❶鍋にカットした大根、人参、ごぼう、れんこん、里芋、椎茸を入れてヒタヒタより少し多めの水を入れ上に豚肉を広げてのせて火にかけます
❷沸騰したらアクを取り酒粕とおみそ大さじ2くらい溶き入れて全体を混ぜて、少し火を弱めて15～20分程煮ます
❸具材が柔らかく煮えたら長ねぎを入れて仕上げのおみそを溶き入れて火を止めて完成です

コメント 根菜たっぷりで酒粕で煮込んだ豚汁はぽかぽか身体の中からあったまる寒い時期にぴったりの一杯

春菊と揚げ玉のおみそ汁

材料

- 春菊…2束
- 揚げ玉（天かす）…大さじ3〜4くらい
- お出汁パック
- お好みのおみそ

作り方

❶お出汁が沸騰したらカットした春菊を入れて1〜2分煮たら火を止めて、おみそを溶き入れます
❷盛り付けたら揚げ玉をお好みでのせて完成です

コメント **春菊の風味と揚げ玉のオイリーなコクがちょうどよく合っていて何気ない組み合わせに意外なおいしさの発見**

ごはんとおかか納豆のおみそ汁

材料

- ごはん…約80〜100g（1人分）
- かつお節（小パック2袋）…3〜4g
- かいわれ大根…適宜
- ひきわり納豆…1パック40g
- お出汁パック
- お好みのおみそ

作り方

❶お出汁が沸騰したらおみそを溶き入れて火を止めます
❷器にごはんを入れておみそ汁を注いでひきわり納豆をのせかつお節をたっぷりかけます
❸お好みでかいわれ大根などをのせて完成です

2月22日は『猫に感謝の日』ねこまんまじゃなくてあくまでもおみそ汁寄りの1杯。ごはんもおみそ汁の具材のひとつとしてサラサラ〜っと

鶏ささみと白舞茸とセロリのおみそ汁

2月

材料

- 鶏ささみ…2本
- セロリ…1/3本（葉付きなら葉も入れます）
- 白舞茸…100g（普通の舞茸やお好みのきのこ類でOK）
- 生姜…1片
- 片栗粉…大さじ1〜2
- お好みのおみそ

作り方

❶ささみ2本は筋を取り繊維を断ち切るようにそぎ切りして片栗粉を軽くまぶします
❷鍋に白舞茸と生姜と水6〜700mℓを入れ火にかけます
❸沸騰したら①のささみを入れて再び沸騰したら火を止め、フタをして8〜10分そのまま放置して余熱で火を入れます
❹きのこ類も予熱の温度帯に旨みが出やすいので一石二鳥。ささみの厚さにより時間を調整して火を入れてください
❺再び火にかけてセロリとセロリの葉を入れて沸いたらおみそを溶き入れて完成です

コメント **ささみメニュー最強のおみそ汁かも。チャレンジおススメ度★5つ**
ささみに片栗粉をまぶして低温予熱茹でで柔らかく旨みもたっぷりの一杯

生あおさとなめこのおみそ汁

材料

- 生あおさ…30g
- なめこ…1袋
- お出汁パック
- お好みのおみそ

作り方

❶お出汁が沸騰したらなめこを入れて吹きこぼれない火加減で3～4分程煮ます
❷サッと洗ったあおさを入れて火を止めておみそを溶き入れて完成です

コメント **地元の出雲崎産の生のあおさ。磯のおいしい春を堪能する香り豊かな一杯**

もやしとニラと豆板醤のおみそ汁

材料

- もやし…1/2袋
- ニラ…4～5束
- おろし生姜…約大さじ1
- ごま油…大さじ1　● 豆板醤…小さじ1
- 鶏ガラ顆粒だし…小さじ1
- あわせみそ…大さじ2～2.5

作り方

❶もやしをごま油でサッと炒め、豆板醤を入れて絡め、水を500～600mℓ入れてサッと1分程煮ます
❷鶏ガラ顆粒だしを入れ、カットしたニラを入れ、1分煮たら火を止めておみそを大さじ2～2.5溶き入れ、盛り付けたらおろし生姜をのせて完成です

コメント **思い切らずにお手軽チャレンジでピリ辛おみそ汁ができる簡単アレンジの一杯**

新じゃがと玉ねぎの豚汁

2月

材料

- 豚肉…170g
- 新じゃが（小粒）…4〜5個
- 玉ねぎ…1個
- 人参…1/3本
- こんにゃく…1/2枚
- 長ねぎ…1/2本
- 椎茸…2個
- お好みのおみそ

作り方

❶鍋に長ねぎ以外の具材をカットして入れて水から煮ます。新じゃがは皮付きのまま入れます
❷沸騰したらアクを取り少し火を弱めて10〜15分程煮ます
❸じゃがいもや人参がやわらかく煮えたら斜め切りの長ねぎを入れておみそを溶き入れて火を止め完成です

コメント **コロコロ小粒の新じゃがは皮付きのままで玉ねぎの甘みのある豚汁は春の訪れを感じられるワクワクなおいしさの一杯**

南蛮えびと長ねぎのおみそ汁

材料
- 南蛮えびの頭…15～20尾分
- 長ねぎ…1/2本
- お好みのおみそ

作り方

❶甘えびの頭をサッと表面を水洗いして、鍋に水5～600mℓと甘エビの頭を入れてゆっくり火にかけます

❷アクが出たら取りながら沸騰したら長ねぎを入れ1～2分煮たらおみそを溶き入れて完成です

コメント　佐渡産南蛮えびをお刺身で食べて、取り除いた頭をおみそ汁にして甘えびの旨み濃厚な一杯

牛肉と大根のみそ煮込み おみそ汁

材料（多めに出来上がります）

- 牛肉（小間切れ）…180g　● 大根…1/2本
- こんにゃく…1枚　● ごぼう…1本
- 生姜…1片　● 酒…大さじ2　● 赤みそ
- 小ねぎ、七味唐辛子などお好みで

作り方

❶乱切りの大根とごぼうとスプーンでちぎったこんにゃくとスライスした生姜を水約1ℓくらいで煮ます

❷沸騰したら酒を入れて牛肉を入れて火を弱めおみそを大さじ2程溶き入れて、アクを取りながら15分程煮て大根が煮えたら仕上げのおみそを溶き入れます

❸できればひと晩おいて、翌日味が染み込んでから再び温めて盛り付けたら小ねぎや七味をかけて完成です

コメント　牛肉と大根を煮込んで味しみしみのみそ煮込みのおみそ汁仕立て。おかずにもおつまみにもなるたまらない一杯

海藻類

動物性食品

◆**山芋**

サラダ系・その他の野菜など

◆**玉ねぎ**

◆**もやし**

◆**たけのこ**

◆**みょうが**

◆**トマト**

〈メイン具材から探す〉

大豆製品

◆お豆腐(＋わかめ、＋油揚げ以外)

◆油揚げ(＋お豆腐以外)

◆その他

葉物野菜

◆ねぎ(長ねぎ以外)

◆小松菜

〈スープ系〉

〈みそ雑炊・お粥・お米系〉

〈アレンジ○○風〉

〈時短・簡単系〉

〈インパクト&チャレンジ系〉

なめこ

豚汁

〈具だくさん系〉

『毎日おみそ汁365日』
ジャンル＆具材別さくいん

〈定番〉

おわりに

『毎日おみそ汁３６５日』をご覧いただきありがとうございます。

全国各地で特長のあるおみそが造られていて、みなさまのお気に入りのおみそもいろいろで、地域の特産食材でその土地ならではの食べ方があることなど、全国各地のSNSのフォロワーさんから様々なおみそ汁事情を教えていただきました。

まさにおみそ汁は全国各地に伝わる『郷土料理』であると同時に、各ご家庭でのこだわりやわが家の味があってお好みも十人十色。身近で奥が深い『家庭料理』だと改めて思います。

だからこそ、おみそ汁は定番から驚きのアレンジまで寛容に受け入れてくれる懐の広さがあって、その可能性は無限大∞。冷蔵庫でちょっと余った食材でもちゃんと作れるし、体調や気分に合わせて作ることもできます。

そのような日本が誇るおみそ汁がある食卓の日常の食文化を次世代の子どもたちにも繋ぎたい。

大切な人や自分自身の身体にも、いたわりと思いやりの優しい気持ちでお料理を作って、おいしいな〜って食べるごはんには、心も身体もほっこり癒されたり、元気パワーが回復できたり、不思議な力があるように思います。

わたしは料理家でもなければお料理や家事はもっぱら苦手でして、まさかわたしのおみそ汁をこのように素敵な書籍にしていただき、本当に夢のようです。

書籍出版にあたり携わってくださった皆様、SNSで応援してくださるフォロワーの皆様、この本をお手にとっていただいている皆様、そして関わる全ての皆様に心から感謝の気持ちでいっぱいです。

おみそ汁のある食卓が楽しくておいしい毎日でありますように。

そのためにこの本が少しでもお役に立てることがあれば嬉しく思います。

おみそ汁でおいしく、あったかく、ホッと安らいで、
みなさま健やかにお過ごしいただけたらと思います。

えちごいち味噌／株式会社越後一　川上　綾子

プロフィール

えちごいち味噌／株式会社越後一　川上 綾子

2019年3月より出勤前に自身の朝ごはんで作ったおみそ汁の写真をInstagramに投稿しはじめる。
新潟県長岡市でみそを専門に造る株式会社越後一は全国味噌鑑評会、新潟県みそ品評会等で数々の最高賞受賞歴があり技術力に高い評価を得ているみその製造元である。
国産原料100％の約8種類の特長のあるおみそを使って作るおみそ汁を中心にみそ料理、塩麹など発酵食品レシピは1400投稿以上、フォロワーは5万8000人を超える。
おみそ汁がおいしくて、ホッとして、みんな健やかに…と願いを込めて、定番から変わり種アレンジなど幅広くオモシロおみそ汁を発信している。
Instagram　@151miso
https://www.e-omiso.co.jp/

毎日おみそ汁365日

2024年2月24日　初版第1刷発行
2024年9月24日　初版第5刷発行

著者　えちごいち味噌／株式会社越後一　川上 綾子

発行者　石井 悟
発行所　株式会社自由国民社
〒171-0033 東京都豊島区高田3丁目10番11号
電話 03-6233-0781（代表）　https://www.jiyu.co.jp/
印刷所　大日本印刷株式会社
製本所　新風製本株式会社

STAFF　装丁　田村梓（ten-bin）
本文デザイン＆DTP　株式会社シーエーシー
企画　横井 奈美